文创产品设计及产业发展

任芮瑶◎著

文化发展出版社
Cultural Development Press
·北京·

图书在版编目（CIP）数据

文创产品设计及产业发展 / 任芮瑶著 . -- 北京 ：
文化发展出版社，2024. 6. -- ISBN 978-7-5142-4371-0

Ⅰ . G124

中国国家版本馆 CIP 数据核字第 202411SN82 号

文创产品设计及产业发展

任芮瑶　著

出 版 人：宋　娜

责任编辑：袁兆英　　　　　　责任校对：岳智勇

责任印制：邓辉明　　　　　　封面设计：守正文化

出版发行：文化发展出版社（北京市翠微路 2 号 邮编：100036）

网　　址：www.wenhuafazhan.com

经　　销：全国新华书店

印　　刷：天津和萱印刷有限公司

开　　本：710mm × 1000mm　1/16

字　　数：200 千字

印　　张：11

版　　次：2025 年 1 月第 1 版

印　　次：2025 年 1 月第 1 次印刷

定　　价：72.00 元

I S B N：978-7-5142-4371-0

◆ 如有印装质量问题，请电话联系：010-58484999

前 言

21 世纪以后，中国进入高质量消费时代，对文化和创新的关注度也随之上升。文创产品消费在文化消费中的占比逐渐增加，成为新时代的消费热点，并逐渐在文化消费中占据主导地位。文创产品依靠创意人的智慧、技能和天赋，创造和提升文化资源，并通过知识产权的开发和应用，形成高附加值产品。

随着人们生活品质和审美品位的提高，以及文化消费意识的增强，文创产业正在成为支撑国民经济和促进经济增长的重要产业之一。文创产业是将艺术、设计、文化等元素融入产品或服务中的行业，它是具有高附加值、高技术含量、高创造性和生产力的现代服务业。文化创意设计是文化产业的核心驱动力，它是将文化、设计、科技三个领域融合创新的重要体现。它不仅有助于提升品牌的商业价值，还可以满足人们的审美需求。随着人们思想观念、审美观念、生活方式的不断变化和更新，文化创意设计开始扮演引领时尚、引领文化潮流的重要角色。

随着文化消费市场不断扩大，文创产业也逐步走向国际化，成为服务于跨国企业的艺术创意类产业，同时也为国内跨界合作和标准化设定了一个更加宏大的目标。

本书共五章。第一章为文创产品概述，分别从文创产品的定义、文创产品的基础及核心、文创产品的价值三个方面展开了介绍；第二章为文创产品设计概述，主要介绍了四个方面的内容，依次是文创产品设计的理论、文创产品设计的特征、文创产品设计的步骤、文创产品设计的开发主体；第三章为多元视角下的文创产品设计，分别从融入传统文化的文创产品设计、博物馆的文创产品设计、由 IP 引导的文创产品设计、文旅融合下的文创产品设计四个方面展开了介绍；第四章为文创产业的内涵及发展现状，主要介绍了三个方面的内容，依次是文创产业的形成概述、文创产业的内涵与分类、国内外文创产业发展现状；第五章为新媒体背景下文创产业的发展，主要从移动互联技术对文创产业的影响、新媒体艺术与文创产业的融合、新媒体时代我国文创产业发展的对策三个方面展开了介绍。

在撰写本书的过程中，笔者参考了大量的学术文献，得到了许多专家学者的帮助，在此表示真诚感谢。由于笔者水平有限，书中难免有疏漏之处，希望广大同行及时指正。

任芮瑶

2023 年 8 月

目 录

第一章　文创产品概述

本章为文创产品概述，分别从文创产品的定义、文创产品的基础及核心、文创产品的价值三个方面展开了介绍。通过本章内容，读者可以更好地了解文创产品的相关知识。

第一节　文创产品的定义

一、文创的概念

文创即文化创意，是以知识为元素，融合多元文化、整合相关学科、利用不同载体而进行的再造与创新的文化现象。而文化创意方法，顾名思义，即完成文化创意的多种科学途径。

将文化创意归纳为一种文化现象是综观全局的精辟概括，同时必须清楚，此类文化现象依附于一个全球化市场，其背后存在着一条产业链以及一个消费者阵营。因而，虽然它以“文化”二字开头，却在经济学、管理学、市场营销学中都占有重要席位，绝非一个单一的人文属性概念。

如此重要的文化创意，除却被反复强调的文化艺术，更是包罗万象。经济学、营销学、统计学、心理学、法学以及其他各个专业领域的广泛知识都是成就一个有价值的文化创意的相关元素。文化创意绝非横空出世，它的成功需要理性和感性的绝妙配合。感性内容包括创意主体对文化的个体领悟、对所采用元素的个人选择等，而理性内容除包含上述众多学科的知识外，还包括文化创意方法论。

文化创意旨在通过新设计、新创意、新技术、新思路，创造新的物质世界，提高人类生活水平，促进人类发展。

二、文化产品与产品文化的概念

广义的文化产品包括物质产品和精神产品。物质产品指的是人类创造的可见的实物，如艺术品、手工艺品、建筑物等。精神产品则是人类创造的思想、知识、艺术、文学、音乐、电影、戏剧等非物质作品。狭义的文化产品特指精神产品，这些产品主要是为了满足人们的精神需求而创造的。文化产品在社会中起着重要的作用。它们不仅可以满足人们的审美需求，还可以传递文化、价值观等。文化产品也是国家和地区的重要软实力，可以推动文化交流、增进国际友谊。

产品文化以企业生产的产品为基础，通过产品的设计、包装、工艺等各种元素来表达企业的文化理念、价值观和精神追求。它是产品物质和精神追求的综合体现。产品文化的核心是将企业的文化与产品紧密结合在一起。通过对产品文化的塑造，企业可以与消费者建立情感连接，提升产品的附加值和竞争力。不同产品蕴含的文化要素可以吸引不同的消费者群体，满足他们对产品的个性化需求。在现代市场竞争中，产品文化已经成为企业竞争的重要因素之一。企业可以借助产品文化建立品牌形象，提升产品的知名度和美誉度，吸引消费者的关注。

产品文化包括三方面内容。首先，人们对产品的理解以及产品的整体形象是产品文化的核心。产品的整体形象包括产品的外观、包装等，它可以直接影响消费者对产品的认知。一个好的产品形象可以吸引消费者的注意，并激发他们的购买欲望。其次，产品质量与质量意识也是产品文化的重要组成部分。产品质量是消费者对产品的基本要求，而质量意识则是消费者对产品质量的关注和重视程度。一个企业如果足够注重产品质量，期望提高消费者对企业产品的质量意识，就能够赢得消费者的信任。最后，产品文化还包括产品设计中的文化因素。产品设计既注重满足消费者对产品的功能需求，也注重通过设计传递企业的文化理念和价值观。一个好的产品设计可以让消费者感受到企业的品牌文化和个性，建立起消费者与产品的情感连接。

品牌文化是品牌本身具有的独特的文化特征，是企业的核心竞争力之一，有利于提升品牌价值和知名度。产品文化更注重产品本身的特性，产品的外观和功能很容易被竞争对手模仿。而品牌文化则是企业的独有资产，它建立在企业的历史、文化和价值观基础上，很难被竞争对手模仿。

第二节　文创产品的基础及核心

一、文创产品的内涵

文创产品是在英国文化创意经济的发展背景下逐渐兴起的。文创产品运用设计美学原理对日常用品进行艺术化再创造。这样的设计使产品具有趣味性和文化性。文创产品的核心在于将文化、创意与产品融合在一起。它不仅仅是传统意义上的产品，更是表达文化内涵和创意思维的载体。经由文创产品，人们可以感受到文化和创意的魅力，同时也可以将自己的情感与产品联系起来。文创产品的发展对于文化产业的发展有着积极的推动作用。它不仅可以为人们提供独特的消费体验，还可以为文化产业带来更多的商机和经济效益。将传统文化与现代创意相结合，可以更好地传承和发展传统文化。

（一）文创产品的属性

1．潜在性和不确定性

文创产品的生产制作和传统产品有很大的区别。文创产品在制作时更注重创意和设计，因此在生产制作上需要花费更多的时间和精力，成本也相对较高。同时，由于文创产品的文化内涵和艺术价值更重要，因此其价值评估标准也更加复杂和多元化，需要考虑消费者的文化背景、审美偏好等因素。这使文创产品的价值评估更具主观性，需要消费者自行判断并决定其价值。文创产品的生产和销售要能够满足消费者的多元化需求，以提高文创产品的使用价值和市场竞争力。

文创产品的使用价值具有潜在性和不确定性。文创产品的内涵往往是非物质的，是文化资源和创意的结合，其使用价值主要体现在消费者的精神层面，如审美价值、文化内涵、情感共鸣等。这种价值本身是非物质的，因此具有潜在性。例如，电影的使用价值并不是显性的，只能通过电影的发行和版权交易体现出来。同样，一些文创产品的使用价值可能需要消费者自行感受和发掘，这也体现出了它的不确定性。

2．高知识性

文创产品的高知识性不仅体现在设计过程中，也贯穿生产、营销和消费的全过程。首先，从设计角度来看，文创产品以文化为基础，通过创新的设计手法将文化元素融入产品中，使其具有更高的知识含量。设计师需要具备深厚的历史文化底蕴、广阔的视野以及灵活的创新思维，才能将文化元素进行有效的提炼和整合，最终体现在文创产品的设计和生产中。同时，设计师还需要不断跟进社会和科技的最新发展动态，以便将新的科技手段和设计理念融入产品设计中，进一步提高产品的知识含量。其次，从生产角度来看，文创产品的生产过程也具有高知识性。文创产品的生产并不只是简单的制造过程，它需要通过创新的设计和独特的技术手段，将文化元素转化为具体的物质形态。这个过程需要用到各种先进的生产技术和设备，以及高度专业化的生产人员。这些技术和设备需要不断进行更新和升级，以适应不断变化的市场需求。同时，生产人员也需要不断学习和掌握新的技术和知识，提升自身的技能和素质。再次，在数字化时代，文创产品的营销需要充分利用互联网和社交媒体等新兴渠道，通过内容营销、社交营销等多元化的营销手段，将产品的独特性和价值传达给消费者。这不仅需要对市场有深入的了解和研究，还需要对消费者心理有准确的把握和引导。最后，文创产品的消费过程并不只是简单的物质消费过程。消费者在购买和使用文创产品的同时，也需要学习和了解相关的历史文化知识，以便更好地理解和欣赏产品的独特性和价值。

（二）文创产品的分类

1.从文创产品的形态来划分

从文创产品的形态来划分，一般可以分为有形文创产品和无形文创产品两大类。

（1）有形文创产品

有形文创产品包括设计图纸、书刊、报纸、图画、音像磁带等。这些产品不仅具有实际的物质形态，还包含文化符号和创意元素，具有一定的文化内涵和艺术价值。这些产品为社会提供了多样化的消费品，同时也是劳动再生产必需的享受资料和发展资料，是社会总产品的重要组成部分。

（2）无形文创产品

无形文创产品指的是那些无法通过触觉或视觉直接感知到的文化创意产品。这些产品并非以实体的形式存在，而是直接为社会提供各种服务，包括但不限于咨询服务、演出服务、教学服务等。这些服务在本质上是一种创意输出。无形文创产品的核心在于其符号化的过程。在这个过程中，各种事物被创意服务当作符号加以利用，从而使其具有某种象征意义。这种象征意义可能源于文化、习俗、历史或其他社会背景。通过这种方式，这些服务得以在市场上流通，并被消费者接受和认同。以演出服务为例，它通过音乐、舞蹈、戏剧等表演形式，将文化、艺术和娱乐融为一体，为观众提供丰富的视觉和听觉体验。在此过程中，演出服务作为一种符号，代表着某种文化价值观念或情感表达方式。这种符号化的过程使演出服务具有了象征意义，从而在市场上受到消费者的认同和青睐。无形文创产品在市场上的流通并不局限于单个的符号化过程。相反，它们往往以复杂的组合形式出现，形成具有高度象征性的“文本”。这些“文本”在市场上流通时，会吸引大量的消费者，并引发他们的共鸣和促进其情感投入。这种流通和消费的过程不仅实现了无形文创产品的商业价值，还使其成为社会文化交流的重要媒介。

2. 从文创产业群层面来划分

从文创产业群层面来划分，文创产品可以分为原创类文创产品、运作类文创产品和延伸类文创产品。

（1）原创类文创产品

所谓原创类文创产品是指处于文创产业核心地位，与出版业、电影业、文艺演出业、动漫产业等相结合的文创产品。内容性、新颖性、文化性、奇特性是原创类文创产品的主要特征。如创意与电影创作结合便生成了电影业原创类文创产品。美国著名导演史蒂文·斯皮尔伯格拍摄的《侏罗纪公园》就是典型的原创类文创产品。该影片将社会百态与科幻现象相结合，创下了当时的票房纪录。多媒体梦幻剧《时空之旅》深入挖掘和利用中国特别是江南特有的民族艺术元素，综合杂技、音乐、舞蹈、武术等，以时空交错为表现手法，艺术化地展现了中华民族的悠久历史、灿烂文明。该剧已成为上海城市文化新名片和都市旅游新景观剧目。

（2）运作类文创产品

所谓运作类文创产品是指创意融入已有产业中并处于文创产业群运作层面的文创产品。运作类文创产品融入的产业有音像业、计算机和软件业、工业设计业、建筑设计业、服装设计业、广告业、旅游业、互联网业等。创意的转移性和创意的生命周期性是运作类文创产品的主要特征。创意的转移性指创意一旦嫁接产业，就不再对创意进行深化，而是注重与产业融合的形式。例如，楼宇网络广告形式就是创意转移至广告形式的典型说明。创意一旦转移成功，即开始了文创产品的生命周期。文创产品的生命周期与一般产品的生命周期相同，也经历导入期、成长期、成熟期、衰退期。其生命周期的长短取决于市场同类产品的出现和新创意的生成时间。

（3）延伸类文创产品

所谓延伸类文创产品是指处于文创产业群边缘，与服装业、体育娱乐业、会展业、工艺品、商务服务业等相结合的创意产品。这类产品往往处于产业链的末端，其创意含量相对于原创类和运作类文创产品来说要少，但其生命周期比较长，而且其门类之多也是原创类和运作类文创产品所不能比拟的。如美国迪士尼，其延伸产品涉及很多行业，有服装业、玩具业、工艺品、娱乐业、图书、电子游戏等。

值得注意的是，运作类和延伸类文创产品有时又是交叉的，即运作类文创产品具有延伸性，而延伸类文创产品具有运作性。

从文创产业群层面进行划分的原创类文创产品、运作类文创产品和延伸类文创产品，其创意含量逐渐变小，而生命周期逐渐变长，操作性特征亦愈加明显。因而，文创产品的生成主要还是集中在原创类文创产品中。

3. 从文创产品的载体来划分

（1）“衣”——服装及配饰

“衣”可以分为服装和配饰两大类。服装包括各种不同款式和风格的衣服，如中式旗袍、西式礼服等，这些服装从颜色、材质、图案到裁剪都与文化相融。配饰则包括各种不同的饰品，如项链、手链、耳环等，这些饰品也可以经由不同的材质和设计来传递文化和艺术信息。它们不仅可以反映出不同的文化和时代特征，还可以通过设计和创新，为人们提供更加多样化和个性化的选择。

（2）“食”——饮食及器皿

衣能蔽体，食能果腹。“食”包含了饮食及器皿两类。饮食是人们生活中不可或缺的一部分。从古至今，人们对于饮食的追求从未停止。在中国的传统文化中，食物更是有着特殊的意义。纵观中国历史，不同时期、不同地域的饮食文化也各具特色。例如，北京的烤鸭、四川的火锅、广东的早茶等，这些美食不仅代表着当地的饮食文化，更代表着中国的美食文化。除了饮食，器皿也是“食”中不可或缺的一部分。在中国的传统文化中，器皿不仅仅是生活用品，更是一种文化符号。从古代的青铜器、瓷器到现代的餐具、茶具等，这些器皿不仅代表着不同的历史时期和文化背景，更反映了人们的生活方式和审美观念。在现代社会中，随着人们生活水平的提高和审美观念的变化，文创产品也在不断地发展和创新。故宫推出的“朕的心意”系列的海错识物曲奇饼干，便是将传统文化与现代元素相结合的一种创新。这种结合不仅让人们感受到了传统文化的魅力，也让人们在品尝美食的同时，了解到了中国的历史文化。

（3）“住”——家居及摆件

随着国民经济水平的不断提高，消费者对于家居和摆件的要求也越来越高。除了功能性，消费者也十分注重产品蕴含的文化、创意性。因此，一系列兼具文化内涵、情感和独特设计的文创产品应运而生。例如，大英博物馆出品的“罗塞塔石碑”抱枕，上面的文字给使用者带来了神秘感和趣味性，赋予了抱枕更多的文化内涵。另外，故宫博物院出品的海错图装饰画也是一件非常有代表性的文创产品。除此之外，文创产品的品类还可以扩展到灯具、椅子、书架等。

4. 从文创产品的设计对象来划分

（1）旅游纪念品

旅游纪念品是游客在旅游过程中购买的具有当地特色的礼品。它们是城市的形象和缩影，是一座城市的名片。常见的旅游纪念品主要是博物馆和观光景点设计的文创产品。这些产品通常具有当地的文化特色，反映出当地的历史背景。例如，有些城市会将当地的传统工艺品和特产制成旅游纪念品，有些城市会将当地著名景点和历史文化元素融入旅游纪念品的设计中。旅游纪念品不仅可以为游客带来美好的回忆，同时也可以为当地的文化传承和旅游产业的发展做出贡献。因此，旅游纪念品已经成为旅游产业中不可或缺的一部分。

（2）艺术衍生品

艺术衍生品是从艺术品本身衍生出的商品，它来源于艺术品，但比艺术品更大众化和普及化。艺术衍生品让普通大众不再受原作所有权的限制，获得了消费艺术的能力，提升了人们的生活品质。同时，艺术衍生品的出售也更利于艺术的发展和传播。艺术衍生品的生产和销售不仅可以为艺术家提供更多的收入来源，还可以为艺术机构和博物馆等文化机构提供更多的经费支持，促进文化事业的繁荣和发展。此外，艺术衍生品的推广和销售也可以让更多的人了解和欣赏艺术品，促进艺术文化的传承和发展。

（3）生活美学产品

生活美学产品是现代人在物质需求基本满足的情况下产生的一种精神需求。它是一种以美为中心的生活态度和生活方式。人们通过对生活的观察和理解，将自己对生活方式的理念融入产品的细节设计中。这些产品不仅具有美的外观和设计，还能够满足人们对品质、功能和实用性的需求，提高人们的生活品质和幸福感。生活美学产品不仅是一种消费趋势，更是一种文化、一种生活方式。它推动了产品设计和生产的创新，促进了产业的升级和转型，同时也为人们带来了更加美好、健康、舒适的生活体验。

（4）活动与展会文创

活动与展会文创是指为展会、论坛、庆典、博览会、运动会等设计的文创产品。这类产品通常具有较强的纪念价值。但这类产品的设计和生产都是为了特定的活动或展览，因此它们的时效性比较短，往往会随着活动的截止而停止生产和售卖。这也使这类产品具有一定的收藏价值和稀缺性，因为它们只在特定的时间和地点出现，而且数量有限。活动与展会文创产品的设计和制作需要考虑活动的主题和特点，以及参与者的需求和喜好，同时也需要考虑产品的实用性和美观性。

（5）企业与品牌文创

企业与品牌文创是根据企业与品牌的需要设计的文创产品，它们主要用于展示企业文化。这些产品可以是企业或品牌的形象代表，也可以是企业或品牌的宣传和推广工具。企业或品牌文创的设计和制作需要考虑到企业或品牌的特点和文化内涵，以及目标受众的需求和喜好。此外，品牌联名也是非常有效的品牌与品牌之间的合作方式，它可以丰富品牌和产品的形象与风格，给消费者带来更多的选择。品牌联名可以为品牌带来更多的曝光和关注，同时也可以为消费者带来更好的购买体验。

5. 从文创产品的文化属性来划分

在文创产品的内涵中最重要、最具标志性的方面就是产品的文化属性，它是文创产品区别于传统产品的本质特点。根据产品的文化属性，文创产品大致可分为以下两类。

（1）自然类文创产品

自然类文创产品直接来自自然资源，经过简单加工后直接进入流通环节，具有一定的文化价值、观赏价值、收藏价值和纪念价值。这类产品由于受较大的自然环境的影响，数量稀少且品相也各不相同。自然类文创产品由于受人们主观意识影响较小，严格来说不应归为文创产品范畴，但是，其由于受到历史文化和人文因素的影响，原生态、自然类产品被人们赋予了一些文化意义，因此属于文创产品中较特殊的一类。

（2）工艺类文创产品

工艺类文创产品主要以手工生产为主，大体上可分为手工艺产品和工艺美术品两大类。传统的手工技法是技艺的体现，较为典型的有陶瓷、木雕、石雕、刺绣、漆器、玉石、泥塑等。随着科技的进步，现代化的制作技法和新材料被大量运用在手工艺产品上面，从而形成了具有现代化气息的工艺类文创产品。

6. 从创意与不同领域的融合来划分

文创产业通过分散的个体劳动、简单协作的集体劳动和社会结合劳动来组织生产，由此产生了文创产品。从创意与不同领域的融合来划分，文创产品可分为艺术性文创产品和经济性文创产品两类。

（1）艺术性文创产品

所谓艺术性文创产品是指存在于文化产业领域中的文化作品。艺术性文创产品是文化产业化的核心，其创作者往往是来自文化领域（文学艺术、视觉艺术、传媒艺术、表演艺术等）的艺术家们。这些作品包括小说、画、话剧表演等。

（2）经济性文创产品

经济性文创产品是近年来备受关注的一类产品，其独特之处在于将创意元素融入传统产业的生产过程，产出具有高附加值和市场竞争力的产品。经济性产品还具有新颖性、奇特性。

经济性文创产品的物理价值是价格的一部分，但是物理价值在价格中的比例与创意元素所占比例成反比。如在全国甚至全世界都盛行的体验旅游，其一改传统旅游的单一观景，演变为“观景＋互动”的情景旅游和体验旅游。

（三）文创产品的功能

1. 美育和教化功能

文创产品承载着美育和教化的功能，可以引导消费者在使用产品时，潜移默化地融入其文化氛围。一些文创产品是消费者在实地参观、游览、学习之后购买的。它们如同一个桥梁，将消费者与文化连接起来。在游览或学习结束后，这些文创产品仍然能够让消费者将当时的氛围和感受带到家庭和生活中。看到这些文创产品，他们或许会回想起当时的场景，感受到当时的热情与感动。它们不仅仅是装饰品，更是一种回忆。此外，一些文创产品被设计为“材料包”，附带详细的教程。这种设计给了消费者更大的参与空间，让他们可以按照教程的指导，亲手制作完成属于自己的文创产品。亲手制作的过程不仅锻炼了消费者的动手能力，更加深了消费者对文创产品的理解和喜爱。

2. 满足消费者文化需求和实用需求的功能

文创产品是一种独特的产品类型，与一般产品有着显著的区别。它蕴含着丰富的文化附加值。这种文化内涵是文创产品最重要的特质，它为消费者提供了一种特殊的文化体验，可以满足他们的文化需求。除文化内涵，实用性功能也是文创产品不可或缺的一部分。在所有文创产品均具备一定文化底蕴的前提下，消费者更倾向于选择实用性强的产品。好的创意能够使文创产品更具吸引力，这需要设计师在深入了解文化背景和消费者喜好的基础上，发挥奇思妙想，将创意融入产品设计中，使文创产品达到文化性与实用性的浑然一体。理想的状态下，设计师因情怀设计文创产品，消费者则因情怀消费文创产品。这样的设计理念和消费行为不仅满足了消费者对文化的追求，也体现了设计师对文化的尊重和传承。同时，通过对产品实用性功能的优化和创意的发挥，文创产品的市场竞争力也将得到进一步提升。

3. 社会功能

文创产品有很强的社会功能。例如，某一知名毛巾工厂的成功转型就是典型的案例，属于“产业文创化”的概念。该工厂原本生产经营状况堪忧，后来根据策划方案，设计师对毛巾的造型进行了特别的设计，销售量随之大幅增长。最具趣味的是包装捆扎成蛋糕和冰激凌造型的毛巾。这家工厂在文创产业方面的思路已经不止于常规毛巾的生产，还包括邀请消费者参观工厂中的毛巾制作车间等，开放性的设计理念独特有趣，使产品附加值大幅提升，并带动了相关产业链的发展。

文创产品体现了“文化＋创意”的理念，二者的结合对于经济发展具有推动作用，它可以辐射多个产业，以其典型特征推动区域经济的发展，对于传统行业转型有着重要的启示，更可以使消费者产生具有文化性的消费行为，借此提升国人对于本土文化的认知。

文创产品的功能远不仅仅是当下人们目之所及的部分，它的高附加值、高知识性特征更体现在文化与高新技术进行融合后所具备的新功能上。精准恰当的切入点和设计策划会使文创产品在各方面的附加价值都超出传统产品，达到“一加一大于二”的效果。

二、文创产品的基础是文化

（一）文化认同

1. 文化的内涵与意义

所谓文化就是在不同时期和不同地方创造出的一个共同精神约束，一个在历史学、人类学、艺术学中亦广泛涉及的复杂约束。历史文化资源是一个国家乃至一个时代最为宝贵的物质与精神财富。不同时期、地域、文化背景下所催生出的语言、服饰、音乐、图腾与生产工具都有独具特色的烙印。

对某一文化的起源与发展追根溯源，有助于加深对该文化的实用性与特殊代表性的理解与运用。以玛雅文化图腾为例，玛雅文化起源于古印第安文明，信仰宗教神权政治，崇拜象征自然力量的太阳神、雨神，并将这些神灵图案作为图腾和神圣的超自然力象征物，由此所形成的特殊部落图腾也多为自然文化元素的具体形象，寓意人与超自然之间特殊的联系。特殊的图腾具有浓厚的墨西哥风格。人类文明中为生存而引发战争的情况并不少见，在一定程度上战争对于文化的传递、交流也有推动和促进作用。通过文化的交流与发展，人类从最初对生存的需求，逐渐转为对精神文明的向往，这个过程漫长且有从低级逐渐走向高级的特点。

由于地域文化的差异，一个国家往往存在多种文明。地域文化的差异决定了不同地域的人与大自然斗争过程中产生的生存法则也有所不同，在谈论世界文明的时候要明确这并不是一个具象的概念，历史发展往往考虑这种文化的单一成就，而非在大的世界文化氛围中去比较多方面的差异性。对于文化的发展应当抱有一颗敬畏之心，但并不意味着要一味地模仿与照抄。不同的优秀文化都值得珍惜。大到有形文化，如大型地标建筑，小到无形文化，如生活习惯、饮食习惯等，都需要被珍惜和保护。

如今的文化可以说涵盖了现实生活的各个方面，主要指各种有形产品和无形服务，被用以满足人们的精神需求。在文创产业影响下所创造出的产品具有一定民族文化背景，在满足消费者物质审美需求的同时，尽可能地提高消费者的文化审美。文创产品是一种较为特殊的产品，所涉及行业的分布范围比较宽泛。例如：新闻、文艺演出等，其原创性的特点在整个产品中发挥着关键性作用；音像、娱乐等行业在实现方式上则要满足体验者精神世界的需求；对会展、工艺品这类的要求相对更高，需要不断变化、不断创新，其产品设计内在潜力非常之大。

2. 文化的发展与历程

人类社会的文化背景在规范艺术设计行为的同时，也能够通过艺术来更加直观、感性地记录其发展历程。当今的文化发展不仅局限于科学、医学等领域，也将艺术文化推向一个更高的历史舞台去承载文化精神的内涵。这不仅强调了艺术的外在价值，也体现了艺术所投射出来的文化价值，在传播民族文化与提升民族文化竞争力方面具有深远的影响。原始文化起源于人们对生存的追求、对先祖的敬重与对自然的敬畏。例如，对天地的祭祀是为了祈求风调雨顺。这时的供奉与劳动、宗教、巫术、政治等因素相联系。根据历史记载，人类从石器时代就开始为了基本的生存和生活进行劳动创造。生产工具的发明代表了人类强烈的生存欲望和物质诉求，所以说文化也起源于人类的生活本能。

而艺术设计行为在这种文化氛围中得到了不断充实。器具的材质、纹理表现都体现出古人对美的追求和审美的不断提高，这几乎贯穿所有器具设计。人们将文化看作艺术设计的先导，艺术设计的发展进步不仅只为人们带来了生活上的便利，同时也给人们枯燥单调的生产活动赋予了新的内涵。

中华文明在萌生过程中就已经有了较广泛的分布，至今历经五千余年仍屹立于世界民族之林，在浩荡的世界文化画卷中留下了浓墨重彩的一笔。其中，中国古代文学中影响最大最深远的文学之一便是先秦文学，虽然因文字记录的缺失，流传下来的并不多，但是其中内容还是相当丰富的，经过口口相传和不断补充改进，依然具有远远超乎想象的艺术价值。

在西方，中世纪后期的文艺复兴也是文化史上一次不可忽视的思想文化运动。意大利作为古罗马文化文艺复兴的发源地，文化普及发展迅速，掀开了世界文明的新序幕，创造出众多震撼世界的文化作品，在诗歌、雕塑、绘画等方面成就卓越，并解放了被中世纪基督神学捆绑的思想，推翻了僵化死板的经院体系。这个时期，各领域涌现出了大批的杰出人物和优秀作品。文学方面有但丁的代表作《神曲》、彼特拉克的代表作《歌集》、薄伽丘的代表作《十日谈》等。艺术方面有拉斐尔的代表作《草地上的圣母》和《花园中的圣母》、达·芬奇的代表作壁画《最后的晚餐》(图 1-2-1)、祭坛画《岩间圣母》和油画《蒙娜丽莎》(图 1-2-2)、米开朗琪罗的代表作雕塑《摩西》《被缚的奴隶》《垂死的奴隶》和用四年时间完成的举世闻名的《大卫》。

图 1-2-1 《最后的晚餐》

图 1-2-2 《蒙娜丽莎》

随着经济文化水平的大幅度提高、人类生活水平的改善，文化发展逐渐摆脱了历史上长期被少数精英垄断的桎梏，开始迅速走向大众并被大众接纳。经济发展日益体现出文化内容的重要性，文化创新这个观念逐渐走上历史舞台，成为全球产业发展的一个新趋势、新特点。文化产业的发展不仅推动了文化的进步，也带动了相关产业的发展。文化产业在许多国家成为评定经济发展水平的标志和提升综合国力的核心支柱产业之一。

3. 文化认同与文明共识

面对当前因经济全球化和互联网发展所引发的信息爆炸的纷乱局面，如何提高人类文明的内在质量与整体产量成为首要问题。人类文化的不断交流和融合推动了经济全球化的历史进程。

文化不是生活的奢侈点缀，而是作为生活的一个基本构成要素存在，在文明养成、解放思想、回归天性等方面的重要性不言而喻。毋庸置疑，文化价值同样可以推动经济发展。富有竞争力的市场经济依附于文化产业的再次发展，迅速开拓了新的市场份额。在满足传统文化与经济发展相互融合的同时，文化经济的发展效率与开创精神这两方面的影响也不容小觑。艺术作为文化中不可或缺的组成部分，恰恰是传递理想主义与生存意义最为直接有效的途径，也是遏制糟粕文化传递与防止优秀文化扭曲异化的撒手锏，尽可能在经济水平稳定的条件下去提升全民的精神境界，可使道德审美等多个方面同时得到全面发展进步。

如果说对优秀传统文化的深刻学习是民族文化发展必不可少的前提，那么在面对多样复杂的文化时也应当培养正确的心理认同感和文化意识。以上海世博会中国馆为例（图 1–2–3），其设计者旨在突出表现“东方之冠，鼎盛中华”的大国气质，向世界着重展示博大精深的中国智慧，使国人产生了强烈的心理认同和

图 1–2–3　上海世博会中国馆

文化认同。受当下全球范围内的文明融合与博弈影响，现代文明的传承也更加规范化，交往规则也更理性、更包容。一个民族文化产业的繁荣复兴常常以民族精神为先导力量，同样，民族的衰落覆灭也以其民族文化的颓废和精神的萎靡为先兆，核心向上力量的摧毁也正是一个文化走向灭亡的必然之路，强大且富有深刻内涵的民族精神是支持中华民族实现伟大复兴的关键力量。所谓“慎终追远，民德归厚矣”（出自《论语·学而》），对传统文化应当心存敬畏，对现代文明亦是如此。在多维文化空间中穿行博弈，应该在宏观的文化视野中将传统与现代相结合，并以此为基础，进而明确当下最为实用的文化价值观念。

（二）文化特征

1. 文化特征的内容

文化是严谨规范的整体系统，包括宗教信仰、艺术人文等方面。关于文化的特征，文化学界的研究侧重点的不同，其表述也不一，可以从文化的分布范围、文化的发展、文化传承、文化适应范围、文化的存在条件以及文化的传播等方面去考虑，所以文化具有以下特征。

（1）字义特征

文化（culture）在《牛津词典》上的解释为“集体看待的人类智力成就的艺术和其他表现形式”“特定社会群体的态度和行为”等。文化一词的连用出现在西汉，后常用于教育行业和国际交流。这表明从古代开始文化就被世人所重视，也奠定了日后文化产业蒸蒸日上发展的基础。《牛津词典》参照耕作（culture 的原意）给文化下了定义。其一，文化是精神的培育和修炼，是文明的艺术和精神的侧面。其二，文化含有社会或群体特有的风俗、成就、生产、观点等要素，以及社会或群体的生活方式。《美国传统词典》给文化下了这样的定义：文化是社会传承的全部行为方式、艺术、信仰和制度，以及工作和思想的其他一切产品。①

尽管如此，学界目前尚无法给文化下一个具体而明确的定义，不同学派对文化的定义也不尽相同，对于文化的解读也各执一词。《百科全书》归纳出了一个相对而言比较统一的理解：文化是相对于政治、经济而言的人类全部精神活动及其产品。从另一个角度来看文化的内涵，广义的文化是指人类创造出的一切有关精神和物质的财富的总和；狭义的文化是指具体的文化创造成果，如哲学、艺术等。其中包括在不同的历史时期和地理空间，某一特定文化的范围可以仅限于一小群

① 熊青珍，敖景辉．文化创意产品设计[M]．长沙：湖南师范大学出版社，2021.

人，或者也可以扩大到一个地区甚至一个国家，这些就是人们共同生活的文化特征。

（2）社会特征

文化与社会生活息息相关。文化的出现不仅是因为生存与发展的关系，同时也是审美水平与文字能力提升的反映。从原始社会开始，人类为了生存而制造工具，因此出现了原始的农业生产工具，这是人类接触文化社会属性的最简单方式。文明进步的过程便是规矩的形成和方式的规范，是慢慢探索、逐步提升的。

对于文化来说，其特殊的社会属性主要区分为精神价值和物质价值。精神价值是没有具体形态、更多倾向于艺术性的一种文化形式。如看电影、听音乐会、参加书画展以提高个人艺术修养，通过媒介第一时间接触到社会热点新闻等。文化作为一种无形的精神价值传递到人们的脑海中，让人们产生一种对艺术价值的同理感受。

物质价值追求的则是文化的有用性，利用它可以满足消费者的某种物质生活上的需求，简单来说就是食物充饥、药品治病、汽车运输等。这类物质型文化在社会生活中承担着重要的角色，在艺术设计过程中同样也有着重要的意义。例如，床是一个可以提供更舒适休息的产品，桌椅是提供办公交流的承接产品，水杯是提供文明饮水的产品。以国家非物质文化遗产传承和保护项目——蜀绣来看，由于特殊的地理、历史、风俗等自然物质环境的影响，其作品呈现出来的也是严谨细腻、光亮平整、构图疏朗、色彩明快的独特风格，其代表作《芙蓉鲤鱼》（图1–2–4）让人叹为观止，其实用性不言而喻。而从精神价值层面来看，这一作品主题中，芙蓉花取其谐音，为富贵荣华的意思，象征着对未来美好生活的憧憬。

图 1–2–4 《芙蓉鲤鱼》

（3）内在特征

文化内涵不一定是广义的，也可以是一种可给人内在美感的概念。文化产品通过对产品的附属产业进行宣传，将产品本身具有的文化内涵与独特的意识形态完美结合，赋予其特殊的思想立场和文化认知，使得产品不再仅仅满足最基本的使用需求。文化产品的文化内涵及其文化形象与社会价值取向密切相关。正面、健康、进步、积极向上的价值观可推动人们去获得高质量的精神生活，促进经济和社会的全面进步和发展。这是实现生产目的和建立和谐社会的必由之路，也是文化产业及其产品的内在特征之一。

2. 文创产品中的文化特征

文化实质上是一门物质领域与精神领域相融合的特殊学科。艺术的特殊宣传手法可将社会整体文化推向一个更大的舞台。文创产品中的文化特征体现在其设计文化上。简单来说，设计的文化价值就在于文化内涵与审美需求的合一。大量生产的设计产品并不等同于设计文化，只有当它们同时具备了审美、科学技术、历史文化、潮流文化等几方面因素才可以说是具备了文化价值。美国动漫业巨头迪士尼的创办人华特·迪士尼，原本是一个靠绘制和出售动画片来谋生的画家。他在创业初期酝酿出了米老鼠这个经典动画形象，并网罗了一批优秀的动画片艺术家，设计了唐老鸭、高飞等一系列令人喜爱的动画形象。它们充满善意，相互照顾，又具有一些人类的弱点，创造了一个具有人类世界特征又远比人类世界开放和顽皮的动画天地，形成了一个极具爆发力的创意核心，这就是迪士尼的文化特征。它不仅通过优秀作品实现了口碑效益双丰收，其动漫形象衍生的文创产品（图 1–2–5）更是在消费市场上经久不衰。迪士尼一系列的发展与收购成功拓展了一系列新的IP（知识产权）形象授权。其受众群体除了儿童、青少年，也有喜爱动漫的成年粉丝，他们对迪士尼动漫形象的喜爱形成了一种全球性的动漫粉丝文化，由此衍生出来的动漫消费市场每年有数百亿美元之多的交易额。这种动漫文化创意不仅是美国社会文化的缩影，同时也对未来全球动漫文化的发展有着不可忽视的影响。

图 1–2–5　迪士尼动漫形象衍生的文创产品

3. 文化特征对创意产品设计的影响

文化与创意产品设计有着密不可分的关系，从某种程度上来讲，艺术创意与人类文化两者相辅相成又协同发展，艺术创新是在文化传播的过程中进行的。

（1）文化观念对创意产品设计的影响

创意设计不断深入人类精神领域，拓宽了人类对艺术文化的审美眼界，而文化内涵的升华便标志着文创产品的诞生与发展。

科技与艺术发展的历史也是文化发展史的一个具象的写照。不同时期的设计不仅受文化的制约，还能够反映出一个时代的特殊现象。每一个文学作品都有着不同的时代烙印，这都与具体的年代历史背景、文化、社会紧密相连。例如，2008 年北京奥运会会徽（图 1–2–6）就融合了民族性、地域性特色，融入了极具中国传统特色的元素——古汉字、色彩、书法等。该会徽为一个小篆书“京”字图案，形似一个奔跑冲刺的运动员，又如一个载舞之人欢迎奥运会的召开。在这个标志中，红色被演绎得格外强烈，这是中国人对生命的诠释。奔跑的“人”形，代表着生命的美丽与灿烂。优美的曲线像龙的蜿蜒身躯，代表着一种文明由过去到现在，再到未来的延续。“京”字又巧妙地演化为“文”字，寓意“人文”，体现了北京“人文奥运”的承诺，将中国悠久的“人文精神”融入了奥林匹克运动之中。该会徽既代表奥运会举办地北京，同时又极富中国的东方神韵，在 2008 年北京奥运会期间，极大地激起中国人民的文化认同感。

图 1–2–6　2008 年北京奥运会会徽

（2）物质文化对创意产品设计的影响

现代材料、多媒体、电子数字等慢慢地进入了设计师视野，设计材料本身特殊的性能被挖掘，被重新赋予了新的材料语言。设计师由此对其意象理解逐渐具象化，丰富了材料本身附带的设计语言，同时增加了作品在表现程度上的张力。中国的皮影戏（图 1–2–7），是一种以兽皮或纸板做成的人物剪影来表演故事的民间戏剧，是在蜡烛等各类光源的照射下，用隔亮布进行表演的戏剧形式，是中国民间广为流传的傀儡戏之一。在表演皮影戏时，艺人们在白色幕布后面，一边用手操纵皮影人物，一边用当地流行的曲调唱出故事，同时配以打击乐器和弦乐。观众可以看到各种神仙怪兽在幕布上或隐身变形，或飞天入地，或喷烟吐火，或劈山倒海。皮影戏带有十分浓郁的本土文化气息。设计师对兽皮纸板的认知，已经脱离了材料外部形态，而赋予了材料更多的人文思考，加入了更多当地的文化特色，使得皮影戏分别在京剧、落子、大鼓、梆子和民间歌调的滋润之下，又形成了不同的流派。中国人正是用高超的智慧，使皮影戏这项人类非物质文化遗产代表作的材料本身的语言力被发现、被挖掘、被张扬，并被意识化。

图 1–2–7　皮影戏

加拿大著名导演詹姆斯·卡梅隆的科幻电影《阿凡达》（图 1–2–8）一经问世，就以其高超的特技、恢宏的场面、出人意料的想象，迅速冲击了全球电影市场。它在 2010 年的时候就在中国拿下 13 亿多元的票房，成为中国影史首部破 10 亿元的影片。过去的 CG（计算机图形学）电影很难使角色的表情与真人同步。尽管角色的头发等细节可以做得非常逼真，但僵硬的面部表情总能让观众看出其中的 CG 痕迹。为了解决这个问题，卡梅隆团队使用了一种面部捕捉头戴设备，上面配有摄像机，紧贴演员面部。演员的脸上布有多个绿点，这些绿点为摄像机提供了追踪的参考点。摄像机精确地记录下演员面部最微小的表情变化，并将这些数据整合到电脑里的虚拟角色上。导演可以通过虚拟摄像机随时看到精确的面部特写的画面。这样，演员所有细微的表情变化都能被准确地反映到电脑生成的虚拟角色身上，使这些角色变得栩栩如生。

图 1-2-8 《阿凡达》

人们不得不惊叹于卡梅隆团队非凡的创造力。该电影依托表情捕捉技术、升级版动作捕捉技术，把更具体可感的虚构世界呈现给观众。这部科幻佳片不仅展示了精美绝伦的画面效果和高超的 3D（三维）技术，每一幕奇特生物的造型、神态等无不赋予这部影片更真实、更具冲击力的视觉效果，从角色的生动传神到场景的虚实结合，一举将科幻电影推向一个巅峰。

（3）外来文化对创意产品设计的影响

外来文化对艺术设计的影响十分深刻。设计师们习惯从文化与生活当中去寻求设计灵感来源，不断吸收外来文化，创新本土传统文化。对于文创产品来说，在发展传统文化的过程中也不能忽视外来新鲜文化血液。外来文化对于传统设计的冲击主要表现在价值观念、思维观念、审美观念、道德伦理等方面上，二者相互融合，形成一个新的文化有机体。但在吸收外来文化时，需注意“择其善者而从之，其不善者而改之”。

日裔美国设计师野口勇的经典家具设计作品——三角玻璃茶几（图 1-2-9），以水滴般的玻璃桌面和实木的桌脚设计而成，在视觉上有雕塑般的形式感，这两种材质仿佛产生了一种关于极简与美的化学反应。野口勇的另一个作品——和风纸灯（图 1–2–10）一直以来都是一些设计者争相仿制的对象。他设计出了 200 多种不同款式的纸灯。灯的外层采用竹制骨架，蒙以桑皮纸，内燃灯烛，造型各异。

图 1–2–9　三角玻璃茶几

图 1–2–10　和风纸灯

（三）文化的艺术形态与艺术表达

艺术作为一种独特的文化形态和文化现象，在整个文化体系中有着举足轻重的地位。从文化开始出现便有了艺术的出现，它在历史各个阶段发展中表现出相应时代的文明。通过艺术更直观地去了解、掌握世界，也可以理解为人类利用艺术表达去体验生活，反观而言，生活创造了艺术。任何艺术的本质都是审美的、创造性的意识形态；也是审美的、创造性的生产形态。

1. 艺术形态的划分

生活中的事物随处可见、千姿百态、无以计数，很奇妙的是，却找不到两个完全一模一样的人，找不到完全相同的两朵花，也找不到完全相同的两棵树。同样地，艺术文化形态也有着相同性与差异性。

（1）自然形态

艺术的自然形态是其最普遍的一类形态，分为有生命体与无生命体。有生命体常常表现出丰富的形态和生命力，古今中外许多对艺术自然形态的表现都体现出了力量的存在和美感。文艺复兴时期，意大利伟大艺术家米开朗琪罗的雕塑作品《大卫》，以传说中的犹太少年英雄大卫为原型。雕塑大卫体态壮伟，有坚如钢铁之意，代表着力抗强权、捍卫祖国的佛罗伦萨人民。

无生命体也是一种艺术形态的表现。如自然界中的风雨雷电等，这种力量的表现不可控制、不可捉摸，却相互影响。而这些自然无生命体常常也被运用在影视拍摄当中。美国女演员玛丽莲·梦露在电影《七年之痒》中的经典镜头，也是西方电影史上非常经典的一幕。这一幕中，她站在一个通风口上面，暖风吹起了她的裙子。玛丽莲·梦露这一镜头之所以成为经典，少不了“风掀起裙子”这一艺术形态，而这一形态表现的是人物本身的娇美性感。裙子表现出风势，风衬托出人物的体态。风本身不可捉摸，却与裙子、人物相互影响，才使这一镜头成为经典。

（2）人造形态

在中国古典文学、美学发展史上，“物化”早已作为一种独特的艺术形态存在。可从具体的文艺创作入手，发掘其所蕴含的深刻含义。例如，用简单工具和手工艺所创造出的产品。一般来说，这类产品所呈现出来的艺术形态很大程度上取决于手工技术的水平，这类产品多用于装饰。

此外，艺术创造行为可以根据不同的形态进行再划分。绘画艺术运用点、线、色彩、空间、构图等造型手段在二维平面上塑造出了承载信号的视觉艺术形式。例如，《蒙娜丽莎》运用了“渐隐法”绘画技法，使人物形象与背景界限模糊，人物轮廓有朦胧感，仿佛融入于背景之中，表现出了含蓄的艺术效果，极大地丰富了形象的意蕴。唐代书法家颜真卿的《多宝塔碑》（图 1-2-11），字体工整细致，结构规范严密，用笔一丝不苟，将汉字结构和笔画通过主题的创造性转换而形成线条的视觉抽象效果，其四大要素是用笔、体态、意态、风神。雕塑艺术作为空间艺术的一种表现形式，最大的特点就是它存在于立体三维空间，是真实展现一种艺术形态的手法，通过雕、刻、塑、铸等手段创造视觉化体积形象，以表达心灵和审美的艺术形式，如秦始皇陵兵马俑、云冈石窟石雕造像等。

无形艺术形态是文化的一种表现，观众需要依靠感受和想象去体会它的美感和形态。这类艺术形态常常表达的是不确定性，对这类文化的理解更依靠人本身对于艺术的认知程度。

图 1-2-11 《多宝塔碑》

（3）偶发形态

偶发形态是指艺术家在特定的时空条件下，根据自己当时的特定状态与灵感所临时创造出不同姿态和动作的一种视觉艺术形态。例如，伊朗艺术家奥米德·阿萨迪的叶雕作品（图 1-2-12），其灵感来自作者对落叶形态的观察与想象。作者在仔细观察时偶然迸发创意并最终实现。这类普通形态的事物由于常见，很难引人注意，其蕴藏的美感也容易被忽视，经由偶发性和突发性的动机触发后，其产生的作品效果却往往比深思熟虑的作品有更多直观和印象化的表达，更容易直达观众的内心。例如，根雕作品《吸烟斗的老人》（图 1-2-13），利用偶然的木根形态，塑造了极富意趣的老人吸烟斗的形态，上方进行了细致的雕刻，下方则完整地保留了树根粗犷的天然形态。因此，根雕又被称为“根的艺术”或“根艺”。

图 1-2-12　叶雕作品

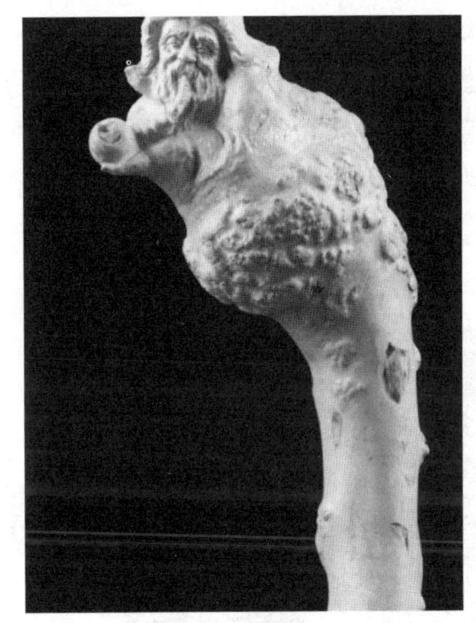

图 1-2-13 《吸烟斗的老人》

2. 艺术表达的划分

艺术表达分为内在和外在形式表达与情感化表达。

（1）内在和外在形式表达

内在和外在形式指的是艺术的结构。西方艺术将这种结构视为一种静态的描述，而东方艺术讲究的是实际操作与审美结合的制作。它依靠多种艺术因素相互融合，组成一个新的作品。文创产品也同样将物质文化和精神文化当中的部分具有独立性的因素分别与其他文化杂糅融合，把这种文化更加具体可视地转换成新的产品。艺术的外在形式指各类艺术语言。每一种作品都有属于自己独一无二的艺术语言，不同的作品由不同的艺术语言和艺术物质媒介组成。

艺术创作过程中，可以运用感性的方式去体会艺术，把握艺术的目的，将对事物的感受用情感化的方式呈现出来。艺术的表达是个体对于艺术的最直观的感受，创作者通常会运用一定的艺术表现手法来反映一定的思维成果、生活体验以及情感世界。艺术表达常常被注入社会、历史、政治、法律等其他类型的文化内容，用艺术手法去表达与叙述这类内容，通过多变的人生、不同种类的文化体系来实现艺术元素的相互融合、相互配合、相互依存。

17 世纪荷兰画家维米尔的作品《戴珍珠耳环的少女》（图 1-2-14），画面采用全黑的背景，以少女佩戴的一颗珍珠耳环为视觉焦点，让其在颈部的阴影里似隐似现。珍珠在维米尔的画中通常是贞洁的象征。珍珠是整幅画的点睛之笔，这非常类似中国古代的“意象”（图 1-2-15）。它是指客观物象经过创作主体独特的情感活动而创造出来的艺术形象，多用于艺术通象。如梅、兰、竹、菊千百年来以其清雅淡泊的品质，一直为世人所钟爱，成为一种人格品性的文化象征。梅，高洁傲岸；兰，优雅空灵；竹，虚心有节；菊，冷艳清贞。它们被人们称为“四君子”，而解读古诗中的这些意象群，就成了古诗词鉴赏的突破口。运用象征的表现手法来进行艺术创作，是中外各领域的艺术表达常常用到的手法。

图 1-2-14 《戴珍珠耳环的少女》

图 1-2-15 中国古代的“意象”

（2）情感化表达

艺术是情感化的表达，设计的目标是让人们产生情感共鸣。美国认知心理学家唐纳德·诺曼将设计的目标分成了三个层次：本能层、行为层和反思层。本能层是指设计能够给人带来感官刺激，让人产生直观的感受。在文创产品中，本能层可以经由产品的外观、材质、颜色等来表现，让消费者在第一时间就对产品产生好感。行为层是指消费者在使用产品的过程中要掌握的技能，以及从这个过程中获得的成就感。反思层是指消费者在使用产品之后产生的更深层次的情感体验，它是在前两个层次的作用下产生的。设计师在设计文创产品时，要关注产品的本能层、行为层和反思层，让产品更具有吸引力。

这三个层次作为情感系统的不同维度独立存在，又相互关联、相互影响，从而创造了对世界的整体情感体验，并以各自特定的方式影响产品设计。那么，具有哪些特征的产品才是符合情感化设计的产品呢？

第一，直觉性。起点是情感，终点是产品形式。无论一个优秀的作品属于什么类型，人们对美的感觉都是直接的，所以对它的评价往往也是正面、积极的，但是却说不出它的艺术标准是什么，只能整体、本能、瞬间地直观感受到它的美。因此，艺术美只有在感官知觉中成立，才是有价值的。如创意山水陶瓷杯（图1–2–16），杯盖的凸起仿佛一座小山，三角形的杯子把手与之相互呼应。而杯体本身的色彩又使杯子多了一份自然。将性情寄于山水，让山水存于生活之境，这个内涵可以带给消费者很直观的情感体验。

图 1–2–16　创意山水陶瓷杯

第二，美感性。诸多事实表明，在审美上让人感觉愉悦的物品能让人更好地工作。其外表往往美观迷人，充分考虑到人的审美因素，容易产生和谐的效果。关于情感化设计对人们生活的改变，很容易想到 20 世纪 90 年代法国设计师菲利普·斯达克最著名的设计——“外星人”柠檬榨汁机（图 1–2–17）。这款榨汁机以情感化的设计理念设计出了“外星人”造型的榨汁机，赋予日常用品幽默有趣的内涵。它不仅是榨汁机，还是一个造型性极强的艺术作品，一度成为时尚的象征。

图 1–2–17 “外星人”柠檬榨汁机

第三，形象性。作品可以直接地或间接地去表达。形象性特征更多倾向于留给世人的一种想象空间，这种描绘是观赏者在脑海中自己联想的，这也是一种间接的表现方式。具有这种特征的作品不受限于语言的叙述方式，也不同于图画的直接呈现，而是通过人们对于作品的理解、经验和认知来将这个作品的“故事”描述完整。如德国红点奖得主设计师张雷在“中国的椅子”原创设计大赛中的参赛作品——宣纸椅。张雷从古老纸伞的制作技艺中得到灵感，和余杭的制伞师傅合作，把数张宣纸“糊”成一把舒适而带着飘逸视感的椅子。在特定的工艺下，柔弱的宣纸居然具备与实木一样的牢固度。这样的形象性表达让人感知到东方美学的“大道无形”。

设计作为艺术表现的一种，是优秀文化内涵的载体，同样是满足人类物质与文化需求的方式之一，在一定程度上承担着文化传承的重任。在文化的精髓中加入新鲜的血液更容易被接受，也更贴近人们的生活。设计师要以人为本，关注人的情感需求，追求技术与情感的平衡。设计师的角色在当今社会中越来越重要，他们的作品不仅影响着人们的日常生活，还能对人们的心情和情感产生深远的影响。因此，设计师不仅要关注产品的功能和外观，更要关注人的情感需求。人们的需求不仅仅是物质上的，更多的是情感上的。设计师需要了解和关注人们的情感需求，用设计来满足这些需求。一个优秀的家具设计师会考虑人们的习惯、喜好以及家庭氛围等因素，设计出让人们感到舒适和温馨的家具。随着科技的发展，设计师可以运用各种先进的技术来丰富产品的功能和外观。但是，单纯的技术堆砌并不一定能带来好的效果。设计师需要在技术和情感之间找到平衡点。好的设计会增加文创产品的附加值，也会作为文化独特的组成部分始终参与并推动着文化的发展。

三、文创产品的核心是创意

（一）创意的含义与类型

创意的形成是能够被学习的，这个过程虽然复杂且充满神秘色彩，但它并非遥不可及。创意往往源于个人内心的积累和体验。课本知识和生活阅历都是形成创意的基础。而那些充满热情、具有丰富想象力和拥有正确思维方法的人，更容易产生独特的创意。将想法付诸实践是实现创意的关键一步。创意技法只是实现创意的工具和方法，而非创意本身。了解并掌握创意思维是每一个学习设计的人必须掌握的本领。这不仅可以帮助我们做出更多独特且有价值的创意方案，还可以强化我们的问题解决能力。

1. 创意的含义

创意是一个具有丰富内涵的形态，虽然很早就出现了这个词语，但目前尚未形成统一的概念，同时又存在创造、创新等不同的称谓。美国重视知识产权和市场化权益，将创意产业称为版权产业或娱乐产业；英国从创造者、策划者、设计者的角度出发，推出创意产业的概念；日本更关注当代数字类产品的文化内容，提出了内容产业的理念。这些不同的称呼反映了不同国家对创意产业的战略定位、地域特征、文化传承和主导趋向的差异。创意产业呈现出了不同的形态和表现方式。例如，电影《泰坦尼克号》以精彩的故事收获了全球 20 多亿美元的票房，而观众可能没有意识到自己同时也为数十台服务器和上百位电脑工程师的数千小时工作付了款。创意既有娱乐价值，也有文化和艺术价值。它包括视觉艺术、出版业、表演艺术、电视节目以及时装设计和游戏设计等。所以说，创意是一个很清晰严谨的概念。

创意是对专利、商标、观点、思想、知识、作品、建议、法规、制度等事物新颖的构思，同时也是突破常规、打破世俗、超越自我的想法。它既是创造新意、寻求新颖、追求独特的意念、主意和构想，也是创造性的思维活动。寻求某个解决问题的方法的关键并不是在思维方式上，而是在形象、生动的具象化表现的表达方式上，同时也要艺术性地对创意概念进行形象化。创意可以说是一切事物之根本，更可以说是设计之根本。艺术构思或创意是艺术创作中的一种精神性或者说思想性的元素，同时也具有一定的物质或材料属性，能够通过某种形式表现出来。设计的过程本身就是创意的体现，如创意水果碗（图 1-2-18）的设计，碗边镂空的缝隙使之造型独特又具有滤水功能。

图 1-2-18　创意水果碗

换而言之，创意的技法在创新过程中有着重要的作用，它是创意的工具和方法。创意不仅有学习的方法，还能在创作的过程中帮助创意者激发新的创意。创意不同于普通的思考，是在普通中寻找不平凡，从常态中挖掘新意。它是对传统思维的挑战，是对常规思考的超越，是创新与发展的具体体现。创意的产生往往需要我们跳出思维的惯性，去探索未知的领域，去挖掘新的可能性。思想库和智囊团是创意的重要来源，当专家和学者在研究和探讨问题时，他们的思想在碰撞中产生火花，这些火花就是创意的来源。一个好的创意往往需要感性的认识、理性的思考以及社会现实三者的结合。感性的认识能够让我们深入理解事物的本质和内涵，理性的思考能够让我们看清事物的规律和发展趋势，而社会现实则是我们思考的基础和出发点。只有将这三者有机地结合起来，才能激发出好的创意。

创意首先存在于人类的大脑之中。个体可通过相互交流得到新的知识，产生新创意并传达给他人，成为创意思维指导下的创意产物。创意交换组成了创意分工网络，它通过世代更替和教育的不断积累、延续，不断影响着社会的生产生活。创意本身并不产生价值，也不会直接改变物质世界，但一旦创意与实践相结合，由创意指导的实践则能够焕发出强大的创造功能。创意是人类智慧的结晶。具体来说，创意既是动态的也是静态的，它是一种灵感，是突发奇想而又妙不可言的思想，是对同一实践从不同角度进行探索的思维，也是对实践活动具有指导作用的思维，更是从无到有的过程。从深层次来看，创意是一种突破常规的思维方式。它不仅仅是对事物的简单描述，更是一个自我价值实现的过程，也是个人能力和智慧的展现。创意具有普遍性。它并不局限于某个领域或某种技能，而是普遍存在于我们的日常生活中，只是有时候我们没有意识到它的存在。创意也具有关联性。无论是产品、服务还是解决方案，都需要与生产者、消费者以及竞争者建立联系。这些联系以实际需求和市场环境为基础，没有任何人能够脱离这些凭空构造出无根无据的事物。创意还具有系统性。创意思维不是单一的思维过程，而是由多个思维组合而成的。在这个系统中，不同的思维相互关联、相互影响，共同推动创意的发展。同时，创意的形成也有一定的逻辑路径可循，从创意的筹备、酝酿到生成过程，每个阶段都有其特定的步骤和方法。

创意与人类思想紧密相连。例如，旅行箱贴纸颜色缤纷、内容丰富，可以改变一些旅行箱颜色单一、款式刻板的形象，如图 1-2-19 所示。人们根据个人审美观念往旅行箱上贴纸的过程实际上是一种向惯例挑战的尝试，表现了个性化的创意内涵。可见，人们有通过脑力活动创造新事物的能力，而且这种新事物对大多数人是有意义的。人类社会中的所有新产品、新活动、新气象都来自创意力量的展示。创意决定着未来，既是以往的经验、阅历、思考等因素相互作用的结果，也是创造的萌芽、新活动的起点，决定着整个活动的方向、过程与绩效。通俗一点来说，创意的意义在于做一件事情之前先进行构思，即对事情的总体的规划或想法，而这个规划或想法可以是很有创造性的，也可以是很普通的。如日常生活中普遍使用的传统插座，两个插口有时无法同时使用，改良后的插座的插口设计就巧妙地解决了这个问题，如图 1–2–20 所示。

图 1–2–19　旅行箱及旅行箱贴纸

图 1–2–20　传统插座和改良后的插座

创意是创意者主观精神创造出来的私有物，也是创意者思考后得出的结果或意见。它是可以用一定的手法形式，如音乐、绘画、舞蹈等表现出来的。设计造型和技术制作的过程都包含创意的理念。如“双喜临门”杯（图 1–2–21），杯子把手由单个喜字组成，两个杯子凑在一起，就是表达喜庆之意的“双喜临门”，将中国传统吉瑞观念融入产品造型之中，表达了对美好事物的期许。由此可见，创意的产生既包含了技术，也融合了创意。好的创意往往需要更高的技术，在科学与艺术文化的完美结合中产生。

创意的定义具有两个特点：多样性和一致性。这两个特点在某种程度上相互矛盾，但同时又相互补充，使我们对创意的理解更加深入和全面。我们要在对创意的理解上进行进一步的钻研和探讨，以更好地把握其本质和内涵。创意的定义的一致性是指多数定义都包含了一些共同点。其中最核心的一点是“新主意、新思想”。无论是在科学、艺术、设计还是其他领域，创意都是指那些新颖、独特且有价值的想法或观念。这种一致性使我们可以在不同领域中共享和交流与创意相关的话题。

图 1-2-21“双喜临门”杯

创意的相关概念还包含创造、创造性、创造性思维和创新等概念。创意之所以被英译为“idea”和“creation”，是因为它们之间的区别就是所谓广义创意和狭义创意之别。广义创意以“idea”为内涵，泛指一切创造性的思维活动；狭义创意以“creation”为内涵，指就具体作品而言的艺术构思。对于创意者来说，创意是具有奥秘性的存在。而奥秘性主要这样来理解：挖掘创意者本身的想法，以及想法被挖掘出来之后，如何才能更快地找到途径让想法成真。创意的静态定义是其基本的含义。被誉为创意产业之父的英国学者约翰·霍金斯在其《创意经济》一书中界定了创意的概念。他认为，创意具有激发出某种新事物的能力，它代表了人类创作和人类发明的产生，而这种创意和发明必须是只属于个人的、自己原创的产物，该产物具有深远的意义；换句话说，创意就是才能和智慧的体现。创意无时不在，无处不在，它既在思想中萌发出来，更在行动中表现出来，而人类的创意就体现在各自专长上，也体现在感知世界和了解世界的过程中。创意是一种原生态的创新，更是产生于人类大脑的一种才能。将创意划分为一种具有创造力的思维过程，不但强调了人类的智力、知识和创造力的自我更新和改革，更彰显出了创意与传统人力资本的联系。

从学习的角度出发来对创意进行定义的话，创意既是一种学习的结果，也是一种学习的过程。在普通形式下创意行为最为直观的表现手法是艺术行为，如陶艺、绘画、制作贺卡等。七宝烧（图 1–2–22）是将各种创意图案搭配丰富的颜色烧制出来的陶瓷品，而制作七宝烧的主要程序含有七道：制胎、掐丝、烧焊、点釉、烧釉、打磨、镀光。在所有的程序中最为细致复杂的是掐丝技术和点釉技术，烧釉和打磨这两道程序一般要经过多次的制作才能完成。七宝烧的颜色层次比较多，主要有红、橙、黄、绿、青、蓝、紫等色。但一般来说，单色七宝烧是较为稀缺的。当然，也有透明釉的七宝烧，就是在经过艺术加工的金属坯胎上涂抹一层透明的珐琅釉，再经烧制后就会露出胎上的花纹图案。七宝烧是日本在当时材料不知、技法不明的情况下，以“景泰蓝”为本创造出的其“心中的景泰蓝”。创意以及跟创意相关联的事物往往具有很多的表现形式。美国经济学家保罗・罗默认为，是否能提供和使用更多的创意或知识将直接关系到地区甚至国家经济能否长期保持增长，创意思想是伟大进步的来源。创意不是从天上掉下来的，它来自人的头脑。编写软件的是人，设计产品的是人，进行文学创作的是人，从事音乐和绘画的也是人，而当人们进行这些创造性的活动时，为他们提供工具的还是人。所以，人们的创意活动为人类带来了便捷和快乐。近几十年来，各种类型的创造性工作呈现了爆发式的增长，展现了创意前所未有的强大动力。

图 1–2–22　七宝烧

创意概念包含三层含义：宏观创意、个体创意和应用创意。

（1）宏观创意

宏观创意是指一切可以看见的创作现象。宏观创意能让大家一眼就看出创意在何处。如何宏观地展示出与众不同的创意，即为宏观创意。

（2）个体创意

个体创意即个人的情感、灵感、知觉、想象、才情、智慧等在创意作品中的表现。例如，梵·高的油画作品《星空》，运用了夸张的画法，生动且充满想象地描绘出了充满变化的星空。

（3）应用创意

创意的目的不限于单纯的个人欣赏和品鉴，还与产业的发展相联系，也就是使创意走向产业。英国创意大师大卫·奥格威在评价创意的重要性时说道："一个伟大的创意往往是美丽、智慧与疯狂的结合，能改变我们的语言和环境，使一个毫无知名度的品牌在一夜之间就闻名全球。"[①] 所以，创意真正的难度就在于题目自身拟定的过程。这是一个人本身智慧的、欲望的、情感的和深度的问题。创意需要智慧与方法。智慧决定了创意者为自己设定创意题目时的深度以及挑战的大小；而方法从另一方面决定了创意者在解题时的效率，也决定了创意者解题的创意。米老鼠（图 1-2-23）是华特·迪士尼创办"迪士尼世界"的开端，是全球首个进行动漫形象 IP 授权的品牌。由迪士尼开创的美国动漫产业"轮次收入"模式更是引导了目前动漫产业的主流发展方向。

图 1-2-23　米老鼠

① 佚名．TOP10 国际知名数码厂商之广告语言艺术[J]．新潮电子，2004（8）：2.

学界对创意进行了全面的分析，得到的结论主要有：一是关于创意的含义。从内涵上看，创意是一切之根本，可以促进经济结构的调整，提升国家综合竞争优势，也可以促进地区经济的发展，提升地区经济的竞争力。二是关于创意的类型。创意的类型是多样化的，创意的更高境界被称为智慧。面对未知的困境，必须拥有足够的自信、放下心中的不安，才能通过创意解决问题。

收集创意的方法是：假如有一个有趣故事的灵感，就写下来；假如有一把关于新椅子的灵感，那就动手去做出来；假如有开创一项服务的灵感，那就亲自去实现它。只要觉得自己的想法够有趣、够独特，能为大众解决苦恼，那就持续不断地完善这个想法。

产生创意的一个关键是原创的能力。原创性是根据一个想法的新颖性和稀有性来定义的，并且是通过与其他想法相比较来衡量的。这个过程具有一定的难言性、不确定性、互补性。

创意的难言性：在这些以色列创意餐具（图 1–2–24）中，造型各异的餐盘、茶杯和茶壶里，有栩栩如生的“手指”和“嘴巴”，将食物摆放进去，从视觉上给人一种既矛盾又和谐的体验。这种创意的难言性体现在观念、想法、灵感上的非标准化，使人难以准确地描述和表达。有人觉得怪诞，有人觉得恐怖，也有人觉得幽默风趣。这种创意的产生往往依赖于自身的经验、直觉和洞察力，很难有统一的审美标准。

图 1–2–24　以色列创意餐具

创意的不确定性：创意的不确定性指的是产品的效果在经过市场和消费者的检验后才能有最终的答案。在一些空气质量相对较差的城市中，这款定位在一立方米小空间使用的空气净化器——空气新风盒（图 1–2–25），让人感受到了产品和人的相互依存关系，但由于其体积过小，净化空气的效果尚未有权威论断，也不易经市场销售检验。此类产品体现了创意的不确定性。

图 1–2–25　空气新风盒

创意的互补性：创意是建立在已有知识基础上的一种增量知识，创意本身并不能直接转化为现实世界的生产力，需要与其他知识和要素资源进行融合才能实现转化，进而发挥出自身的使用价值。创意的互补性体现了分工合作的原则，各个领域的专业人才通过合作，将各自的创意进行有机结合，创造出更加丰富、多样化的创意成果。

如图 1–2–26 所示的这款不插电禅意山水加湿器没有电气部件，主要借助水的自然蒸发实现加湿功能，山水部分是加湿主体，中间夹层为吸水毛毡。将清水倒入底座后水分自然蒸发，同时山水部分会随着水位下降，与国画山水的朦胧感产生关联。

图 1–2–26　不插电禅意山水加湿器

创意的含义应该从以下三个层次来理解。

第一，创意是一种思维活动和思维成果，需要通过创造、创新等实践方式来实现。创造更多地表现在对思维定式的突破上。而创意则能发现思维定式中存在的问题，合理想象解决问题的空间，敏锐捕捉到解决问题的时机并适时提出解决问题的办法，保留思维定式中的积极因素，打破陈旧框架，开阔视野并拓宽思路，促进新观点、新概念、新理论的形成。创意的产生阶段是一个提出假设、发挥想象、产生创意的过程。

第二，创意最基本的属性是新颖性，这是创意与其他知识和思维成果的最大区别。创意的新颖性体现在创意主体的独立创造上，这种创意要么是别人没有想到或提出的，要么是在不知道别人已经想到或提出的情况下，自己独立创造出来的。学来的知识和设想出来的主意一般情况下不能算是创意，因为它们缺乏独创性和新颖性。如最早的听诊器是在 1861 年创造出来的，当时法国医生雷内克在给有心脏病的患者诊断病情，由于无法听到清晰的心跳声，在紧急情况下，他将一本薄笔记本卷成圆筒形来放大心跳的声音，后以此创意为基础，发明出了早期的听诊器。

第三，从创意的目的性来说，创意是为了寻找解决特定问题的方法，以达到特定目的的可行性探索。狭义的创意包括了新颖性、价值性和可行性三个内涵。同样来说，创意也可以定义为可行的新主意或有效的新主意。有价值的新主意和可行的新主意是从属关系，后者包含了前者，是基于创意概念的创造性思维来界定的。

可见，创意是创造性思想的成果，也是意识领域的成果。各个领域的创意和创意思维活动的差别往往是巨大的，这是不同领域的知识、技能和方法论等方面的差异导致的。因此，在研究创意和创意思维的时候，需要考虑到不同领域的特点和需求，采用相应的研究方法和理论框架。同时，由于创意和创意思维的本质属性具有多方面的特点，因此，在定义和研究创意时，需要综合运用非逻辑思维、逻辑思维和创意思维等多种思维方式，以便更好地理解和把握创意的本质和意义。在此基础上，可以进一步提炼和发展创意学的基本概念和理论框架，以促进创意学学科的建设和发展。

2. 创意的类型

创意的类型主要有商品情报型、比较型、戏剧型、故事型、证言型、拟人型、类推型、比喻型、夸张型、幽默型、悬念式、意象型。

（1）商品情报型

商品情报型是一种很常见的创意类型，这种创意类型具有真实性和现实性的特点。由四位设计师联手创立的某牙刷品牌在很短时间内吸引了诸多忠实用户。高品质、高颜值的产品特点使其在竞争激烈的口腔护理市场中脱颖而出，成为当下中国日化产业最受欢迎的“爆款”品牌之一。刷丝是牙刷最核心也是与牙齿产生最直接接触的部件。该牙刷首创三种不同功效的刷丝，其高低错落的“三明治”专利设计、与巴氏刷牙法的全面适配是最大的创新点；刷头以光滑圆润的形态精细地承接着刷丝；刷柄呈由圆至扁的白色光滑造型，手感舒适；柄颈弹性好，在不易折断的同时也防止用力太大损伤牙釉质。正是这些优质的创新设计、极致的品质追求，使该牙刷一举成为广受欢迎的牙刷产品。

（2）比较型

比较型创意类型用一种直接的方式把自身的创意与其他产品的创意进行对比，吸引受众的注意力。如“龙虾”电话（图 1–2–27）从外表上就已经和普通电话很大程度地区分开了，外表的大胆突破成功地吸引了消费者的目光，以最直接的外观形状表达出与众不同的创意。

图 1–2–27 “龙虾”电话

（3）戏剧型

戏剧型创意类型在创意方面具有戏剧化和情节化的特征。如某款啤酒的广告片就像是一个惊险的战争片。在广告中，驱逐舰上的敌人发现了从下面经过的潜艇，艇内成员关闭了所有声源，正在警惕地关注着驱逐舰的动向，背景音乐是“叮咚……叮咚……”的回声，恰好与人心脏的跳动声重合，这时一个被打翻的啤酒瓶在桌面上快速地滚过，广告的主角纵身向前双手接过即将触地的啤酒瓶，阻止了一场灾难。

（4）故事型

故事型的创意是借助生活、传说、神话等的故事内容来表现。由于故事本身就自带说明的特性，因此，这类创意产品更容易让大众了解，可以更好地让大众与创意建立连接。烛龙台灯（图 1−2−28）以《山海经》里的烛龙“启目为昼，闭目为夜”为创意来源，其造型简单精致、线条流畅，具有浓郁的中国风。

图 1−2−28　烛龙台灯

（5）证言型

证言型创意通过引用专家、学者的证言来证明产品的创意具有新颖性，以此产生权威效应。在其他相同条件的状况下，权威效应有更广泛的影响力。如不锈钢网做成的钢网鞋（图 1−2−29），其以专家、学者的理论研究为依据，采用软质金属网纹材料，带给消费者不同的感官体验。

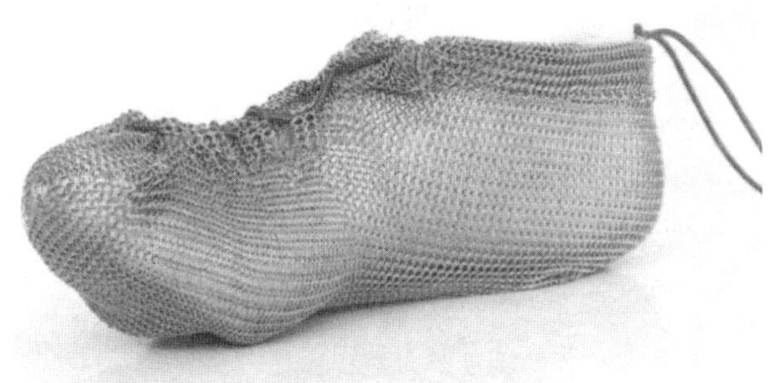

图 1−2−29　钢网鞋

（6）拟人型

拟人型创意具有人形化特征。熊本熊（图 1−2−30）是日本熊本县为了振兴经济，推广本县旅游资源而设计出的一个拟人化的 IP 形象。拟人化的熊指代熊本县，脸部两处腮红指代熊本县独特的火山地貌。经过一段时间的传播推广，熊本熊成功获得了大众的认可，提高了熊本县的知名度，为当地带来了更多的旅游收益。

图 1–2–30　熊本熊

（7）类推型

这种类型的创意是用别人已有的创意来类推新的创意，以显示出创意的特点。这款木制办公椅（图 1–2–31）不同于寻常的办公椅，设计者大胆地将柔软的椅面改造成了木制椅面，在办公椅的基础上改造之后，突出了这款木制办公椅的特色，令人耳目一新。

图 1–2–31　木制办公椅

（8）比喻型

比喻型创意采用比喻手法来展现创意特征。比喻型创意具有生动形象、富有感染力、易于理解等优点，能够有效地帮助消费者深入理解产品的设计理念，并留下深刻印象。比喻型创意可以通过比喻的手法将抽象的概念或思想转化为具体的形象。这种转化可以使消费者更容易理解这些概念或思想，并产生更深刻的认识。

（9）夸张型

夸张型创意是一种通过夸大或缩小事物的形象特征来突出创意本质的创意方法。这种创意方法需要在客观真实的基础上，对事物进行合理的渲染和夸大，以达到吸引消费者注意、增强创意效果的目的。这种夸大或缩小可以是针对事物的外观、形态、大小、数量等方面，也可以是针对事物的功能、性能等方面。例如，可以将手机放大到一张床的大小来突出手机屏幕的尺寸和观影体验的舒适，或者通过将鞋子缩小到只有一颗纽扣的大小来突出鞋子的轻便和舒适。

太空船月饼（图 1-2-32）在包装上夸张地运用了太空船元素来设计，这一点吸引了消费者的目光，让消费者感受到“把天马行空变为现实，邀你把太空船带回家”的宣传主题。

图 1-2-32　太空船月饼

（10）幽默型

幽默型创意就是用不同的修辞手法以及机智风趣的语言进行艺术表达的创意。使用幽默型创意手法进行创作要把握好度，否则容易变得尖酸、粗俗、油滑。

（11）悬念式

悬念式创意就是用设置谜题的手法刺激、调动消费者的心理，让消费者产生紧张、疑惑、好奇、欢乐等心理状态，进而引发其探索欲和购买欲。例如，以半圆月亮的样式作为月饼礼盒包装的设计，很有意思的是把礼盒打开时，刚好形成了圆月，寓意着团团圆圆。这种盒型在市面上很少见，当人们看到它时会忍不住好奇这是什么产品，以这种独特的设计形式来吸引消费者的眼球。

（12）意象型

意象是以表达思想、抒发情感为目的，以一种既有内在意蕴又能引发联想的物象、情境或形象为基本构成单位的一种艺术形象，它具有象征性、隐喻性、情感性等特点。意象型创意是人的主观心态和客观事物融合在一起的产物。

（二）创意的原则与方法

1. 创意的原则

创意的根本原则是传达信息，以创造性思维为先导，寻求创新、独特的表现形式和表达方式。创意可以通过绘、写、刻、印等手段来体现。对于创意的原则可以分为以下几点来理解。

（1）独创性原则

独创性原则是指在创意中不能墨守成规、因循守旧，要勇于独辟蹊径、标新立异。符合独创性原则的创意具有强大的心理突破效果，能够在大众的脑海中留下深刻印象，并能持久地保留在大众记忆之中。

（2）参与性原则

参与性原则其实就是让大众亲身感受、获得共鸣。在当今的消费市场中，消费者越来越注重消费体验，而不仅仅是产品本身的功能和质量。因此，企业需要以消费者为中心，提供更具个性化、情感化和体验化的服务和活动，以满足消费者的需求和期望。旅游产业更需要创造出值得消费者回忆或者让消费者参与的活动，以吸引和留住消费者。在这个过程中，参与和体验是非常重要的，这不仅仅是一种行为活动，更是一种情感历程。只有让游客体验到旅游的文化与新奇，同时获得心理认同，游客才会印象深刻、欲罢不能。所以在进行旅游产品的创意设计时，必须考虑到让游客参与进来，应顺应市场趋势，满足游客对旅游的参与需求。

（3）个性化原则

互联网和信息科技的发展为人们的生活开辟出更大更广阔的空间，世界的包容性越来越强，人们越来越多地追求个性化表达，希望买到独特的商品，所以个性化是文创产品开发的一大趋势。针对消费者的个性化需求设计出独特的体验过程，这种感情付出和亲身体验能够使消费者留下深刻的记忆。这种通过亲身体验的消费，更多的是一种精神上的享受和丰富，这种消费不仅能够让消费者愿意为体验付费，而且可以使这种体验记忆和感受长期存在于其精神层面，有利于培养消费者忠诚度。由于每个个体不同，所以每个人的体验感受也会有所差别，只有能够满足游客个性化需求的文创产品才能获得游客的认同和青睐，在旅游市场上占据一席之地。例如，现在流行的 DIY（自己动手制作）物品，如手绘的杯子、鞋子，或者是自选图案印在杯子或者 T 恤上，极具个性化，深得广大消费者喜爱。现在 DIY 手机壳（图 1–2–33）已经发展成为市面上常见的时尚文化创意用品。消费者可以根据自己需要，购买有底膜、琉璃钻、素材壳、点钻笔、AB 胶等材料的手机壳 DIY 材料包，经过简单的步骤，设计出自己喜爱的个性化手机壳。

图 1-2-33　DIY 手机壳

（4）差异性原则

现今设计市场上的创意产品有一个很大的问题，那就是存在一些同质化、互相抄袭的现象，有的文创产品千篇一律。创意追求的是“人无我有，人有我优，人优我特”，一个“特”字就充分说明了创意产品的差异性有多么重要。消费者在阅历、兴趣爱好、经济收入和文化修养等方面存在差异，从而决定了他们对创意产品的需求层次、审美标准及评判结果的不同。这就要求创意产品要有足够的个性化差异和不同的种类，与其他创意产品区分开。只有设计出独具特色的创意产品，让消费者保持对创意产品的新鲜感，才能满足广大消费者求新、求异的消费心理。随着电子商务的发展，物流问题逐渐成为制约电子商务进一步发展的瓶颈，而在各种电子商务模式中，受物流配送影响和制约最大的是自营式电子商务企业。京东作为中国市场领先的电子商务企业同样也面临着这个问题。早在2007年，京东就开始构建以仓储配送为核心的自有物流体系，把物流体系环节掌握在自己手里，很好地解决了物流配送的“最后3公里”问题，获得了消费者的认可。

（5）文化与商业结合原则

文化保护与商业开发并非绝对对立。当今社会，随着经济全球化的加速，如何在商业开发中保护和传承地域文化，实现商业与文化的和谐共存，已经成为一个全球性的问题。首先，通过深入挖掘文化底蕴和特色，将文化融入产品设计，可以提升产品的商业竞争力。我国的传统文化丰富多样，如刺绣、剪纸、书法、绘画等，这些传统文化的融入可以使产品更具中国特色，吸引更多的消费者。例如，在服装设计中，设计师可以将传统图案和现代设计元素结合起来，创造出既有古典韵味又不失现代感的产品，这样的产品不仅会受到国内消费者的喜爱，也会受到国际消费者的欢迎。通过这种方式，商业产品不仅实现了商业价值，也保护和传承了地域文化。然而，简单地将文化元素进行拼接和粘贴是不可取的。为了真正实现对文化的保护和传承，必须系统性地解决文化传承问题。这需要我们对地域文化有深入的了解和研究，理解其背后的历史、民俗、习惯等。例如，在建筑设计中，设计师可以借鉴传统建筑的风格和元素，结合现代建筑的技术和材料，创造出既具有历史感又具有现代感的建筑。

文创产品作为设计行业发展的极其重要的一部分，在进行文创产品设计的时候需要关注文化属性和产品本身的商业属性，并将二者结合起来，设计出既具有文化内涵、能够满足大众文化需求，又能获得经济利益的创意产品。在创作过程中设计者面临的一个重大问题就是应该要怎么去完善自己的想法，让想法无懈可击是非常重要的，但是这样自然也会带来一些其他困难。例如，设计者要如何去把想法实施出来。在大多数的情况下，好的点子会流失就是因为人们已经忘了他们当时第一次想到这个好点子的时候所产生的心理变化。这不仅需要设计者用开放的心态来寻找解决问题的办法，也意味着当到了不得不做最后决定的时候，自己要认真地思考并坚决地做出决定。

2. 创意的方法

从全球范围观察，产业化和市场化俨然已经成为文化创意方法的主流论述。将创意简单地理解为文化产业或创意产业的观点也不胜枚举。创意的产生需要收集知识和经历。收集知识和经历有两种办法：直接收集和间接收集。直接收集是指围绕目前所进行的特定主题，将个人的知识和经历在特定领域构建起来，同时要尝试将想法和实现方法融合到一起，创造出新的创意。间接收集则不带有特殊目的，只要“有趣”即可收集，在日后的项目中可能会派上用场。这也是许多创意者会随身携带笔记本的原因。在进行小组创意或头脑风暴时，应确保团队成员互相给予建设性反馈，尝试接纳他人意见，不要一味反驳和批评，应通过合作建立信任。

创意可能会随时随地出现，只有保持敏锐的感觉，通过适当的方式将其撷取保留，再深思熟虑并加以延伸、拓展、细化，才能有效地加以利用。在平时工作、日常生活或其他不经意的事情中，新奇的看法或想法可能会突然出现，可能是在公交车上，可能是在半梦半醒之间，但大部分会转瞬即逝，一旦错过且没有及时记录，也许过后就无法再完整地回忆起该内容了。

第三节　文创产品的价值

一、文创产品的价值构成

文创产品的价值源于其满足主体需要的属性与功能，无论是物质还是精神需求。价值的高低取决于满足需求的程度。探讨文创产品的价值构成，需从一般商品、文化产品和创意产品各自的价值构成进行分析。

根据马克思的劳动价值论，商品是使用价值和交换价值的统一，其中价值是凝结在商品中的无差别的人类劳动。然而，对于文化产品这一类特殊商品，其社会必要劳动时间难以准确估量，因此难以对其进行准确解读。西方经济学提出的效用价值论更适用于文化产品的价值判断。

创意产品作为独特的商品，融合了文化、技术和经济，其价值并非由单纯的劳动时间决定，而是一个多层次、多维度的价值体系。体验是实现创意产品价值的主要途径，因为价值的高低与消费者的心理感受紧密相连。然而，创意产品的价值核心在于其独特的内容创意和知识产权等客观价值，这就需要结合客观价值理论进行分析。

文创产品是文化产品和创意产品相结合的特殊类型，兼具两者的特点。作为文化产品，其价值可以用效用价值理论来解释。它具有创新性、娱乐性、衍生性和可复制性等特点，同时具有正外部性，其价值是在动态过程中形成的，并受到主观评价的影响，处于多维度的价值体系之中。文创产品的价值构成包括使用价值、市场价值和非市场价值三个层次，其美学艺术和历史文化价值往往高于科技创新价值。

（一）符号消费理论视角下的经济价值

作为文创产业的有机组成部分，开发文创产品无疑将为整个社会创造可观的经济收入，其中蕴含的巨大发展空间源于现当代文化的视觉符号转向、消费逻辑逐渐取代生产逻辑的背景以及体验经济的兴起。

部分从事视觉文化研究的西方马克思主义学者，根据马克思对于文化商品特殊性的论述，提出了“马克思的符号经济学”理论。他们的主要观点是，与传统的以语言为中心的理性主义形态不同，当代文明正在日益转向以视觉为中心的感性主义形态。而在以视觉和图像为中心的文化语境中，形象符号的生产、流通和消费越来越重要，成为主流形态。英国社会学家拉什认为，当代社会生产出来的越来越多的不是物质对象，而是符号。“有两种类型的符号，一是具有认知内容的信息商品，二是具有审美内容的艺术商品，后者不但体现在具有基本审美要素的产品（电影电视等）的迅速增长，而且也反映在物化商品中蕴含的符号价值和形象要素的增加。物质对象的美学化在其生产、流通和消费过程中完成。”[①] 法国哲学家鲍德里亚的消费理论揭示，在充分发展的资本主义阶段，消费逻辑取代了生产逻辑，需求和使用价值产生了分离。

体验经济的兴起是推动现代文化产业发展的主要背景，以超越同质化和标准化的产品与服务营造增值效应，以给消费者提供某种良好的心理体验为目的，形成个性化的生产与服务，提高人们的幸福感和生活质量。从这个意义上来看，所有文化产品和文化服务都有赖于体验经济的发展，但是体验经济格局的全面形成主要表现在企业将提升产品体验感的思想融入和应用于产品设计及市场营销环节。

在符号经济、消费经济和体验经济勃兴的时代，文创产业已经创造了可观的经济收入，成为现代文化产业体系中不容忽视的一环，并且面临着重要的发展机遇和广阔的发展空间。

① 周宪．视觉文化语境中的电影[J]．电影艺术，2001（2）：33-39.

（二）基于心理学和传播学理论的教育价值

公共艺术教育在现代社会中的重要性不容忽视，有利于培养公众的审美品位和创造力，提升公众的文明素养。现实生活中，公共艺术教育主要通过展览来提供，辅之以讲座、导览、论坛、亲子活动等多种教育形式。但是，传统的展览模式面临着三个问题，阻碍了公共艺术教育目标的顺利达成。

首先，艺术品在展览中与观众产生的距离感使观众难以深入感受其文化价值和艺术魅力。许多作品需要通过近距离的接触和互动才能真正体验到细节和艺术魅力，发挥其文化和美育的作用。因此，改变展品的陈列方式和减少距离感是促进文化价值有效传达的重要途径。

其次，遗忘规律的存在导致观众对展品的印象不断淡化。观众在参与时会面对成千上万件展品和附着其上的大量信息，人脑在短时间内接受信息的能力有限，必然会无意识地有所选择。根据艾宾浩斯遗忘曲线理论，人在接受和学习新知识之后，如若不进行有效复习，第二天就会仅剩下 25% 的记忆。[①] 因此，除少数专家和艺术爱好者反复参观展品外，大量的普通观众对展品本身的印象必然会不断淡化，最后只留下模糊的记忆，极大地违背了开展公共艺术教育的初衷。

最后，单向灌输式的教育方式不利于深入理解和感受。按照一定的时间序列和叙事方法设计的展览，根本上还是信息灌输式的单向教育传播模式。教育学研究成果表明，相比于双向交流的互动式教育，这种教育模式并不利于知识信息的吸收和美育目标的达成。出生于网络时代的年轻一代更加排斥单向和教条式的学习模式，更偏爱通过探索、体验获取知识，以及通过新媒体主动获取信息。[②] 因此，为更好履行公共艺术教育职能，必然需要对现有的教育模式进行变革。

讲座、论坛、导览和亲子活动等辅助教育形式在一定程度上是展览教育的补充，而容易为人忽视的是，文创产品亦是强有力的教育资源，其具有的教育价值和传播潜力恰好可以有效弥补展览教育的天然弱点。

首先，文创产品提供的切身文化体验满足了观众亲近展品的需求。德国哲学家本雅明提出了“灵韵”（Aura，又译为“光晕”“光环”）的概念，表明随着机械复制时代的到来，文化产业的发生和发展使艺术品成为可以被大规模生产和复

① 齐港．社会科学理论模型图典［M］．北京：经济管理出版社，2012．

② 张开，张艳秋，臧海群．媒介素养教育与包容性社会发展［M］．北京：中国传媒大学出版社，2013．

制的物品，因而丧失了其独一无二的原创性，展示价值取代了膜拜价值。[①]不同于德国社会学家阿多诺的文化悲观主义，本雅明对艺术技术化持乐观态度，认为艺术品的批量生产使得其不再为精英阶层所垄断，从而实现了艺术的民主化和普及化。从某种意义上说，文创产品也是对艺术原作进行机械复制的产物，因而对于艺术品进入大众视野，实现广泛的公众艺术教育具有显著的意义。

其次，文创产品作为展览的延续，可以帮助观众对抗遗忘，唤醒他们对展品的记忆。这些随手可得的文创产品作为一种提醒和纪念，可以将核心艺术元素融入日常生活，巩固和延续消费者对于展品的美好记忆。

（三）视觉文化背景下的日常审美价值

文创产品的核心竞争力不仅仅在于其独特的创意和实用性，更在于其审美性。审美需求是人类高级的精神需求，是成长性需要的重要组成部分。这种需求会使人希望处于愉悦、舒适和美观的环境中。当这一需求无法被满足时，人们可能会产生心理障碍。因此，文创产品的审美性对于满足人们的这种需求、提升产品价值有着至关重要的作用。“在某些人身上，确有真正的审美需要。丑陋会使他们致病（以特殊的方式），身临美的事物会使他们痊愈，他们积极地渴望着，只有美才能满足他们的欲望。”[②]

出于对审美需求的天然追求与回应，以“日常生活审美化”为特点的“审美泛化”已成为后现代文化的美学特质。这一观点的代表人物是英国社会学家费瑟斯通。“日常生活审美化”即指将“审美的态度”引入现实生活，赋予日常生活用品以美学和艺术的品质，使原本平庸甚至粗俗的客观物品显现出审美性。[③]以此观之，任何日常事务都可以用审美的方式加以呈现，推动传统的精英审美文化向大众审美文化转型。事实上，阿多诺晚年对文化工业进行再思考时提出，大众文化被纳入文化工业模式后，加速了日常生活的审美化的现实趋势，从而形成了一种艺术化的现实生活。[④]文化工业制造的经济动力因素介入后，进一步推动了“大众对自身与周遭生活越来越趋于美化的装扮”的发展。

在当今社会，文创产品的开发以消费者的审美需求为动力，体现了日常生活的审美化趋势。文创产品的审美价值源于两个方面：一是其原型资源的内在审美

---

① 本雅明．机械复制时代的艺术作品[M]．王才勇，译．北京：中国城市出版社，2002．

② 马斯洛．人性能达到的境界[M]．吴佳琪，译．北京：文化发展出版社，2021．

③ 费瑟斯通．消费文化与后现代主义：第二版[M]．刘精明，译．北京：商务印书馆，2023．

④ 王南湜，刘悦笛．复调文化时代的来临[M]．石家庄：河北人民出版社，2002．

意蕴；二是通过艺术化设计手段充分展现出的产品的美学内涵。以卢浮宫的镇馆之宝《蒙娜丽莎》为例，获得其授权合作的制造商通过截取画作元素开发了多种文创产品，让这幅名作走进了千家万户，同时保留了原作的韵味。这些产品作为装饰家居充分发挥了审美效用。设计产业与美学的结合是审美经济的表现，将文化因子和文化元素广泛地融入物质产品中，可以实现家庭艺术化、社会审美化的目标。

（四）文化资本理论视域下的情感价值

情感价值是文创产品所拥有的一类特殊价值，有别于一般文化产品的体验性。从广义上说，文创产品的审美价值、教育价值等都可归为情感价值的范畴；从狭义上说，情感价值特指消费者因拥有文创产品而获得的身份认同感，属于马斯洛需求层次理论中“自我实现需求”的一部分。

由于附着审美和符号价值，文创产品的价位一般比同等功能的商品高。消费者购买文创产品并不仅仅是出于使用的目的，更多源自炫耀性消费的心理动因，展示自己不俗的文化品位和文化修养，以区别于其他人。“炫耀性消费”理论是由美国经济学家凡勃伦提出的，意指人们并非出于满足实际需求，而是为了炫耀地位及财富的消费现象，动机是求取社会地位和阶层认同。他认为，文化消费是一场没有硝烟的战争，拥有金钱和财富的人们通过炫耀性消费的形式赢取或巩固社会地位。在西方经济学文献中，与炫耀性消费类似的概念还有“炫示效应”“钻石效应”“地位效应”“位置消费理论”等。炫耀性消费的一个作用是对阶层外部人员产生排除效果，如通过消费高档艺术品制造壁垒，阻止中下层阶级跻身上流社会。①

凡勃伦所指的炫耀性消费的主要形式是购买高端奢侈品（包括艺术品）。而对于中产阶级来说，购买此类消费品超越了自身消费能力，只能是偶然为之的行为。相比之下，文创产品亦具有显示经济实力和文化品位的功能，属于炫耀性消费品中相对容易接受的门类。类似的消费现象还有对时尚潮流的追逐。德国社会学家齐美尔的时尚消费理论是对炫耀性消费理论的延伸，强调消费者对时尚商品的购买和展示意在区分不同的社会阶层。齐美尔还提出了“时尚滴漏理论”，即中下层群体通过模仿或者参与上流社会的文化消费形式，意图从底层向高层流动，

① 邓晓辉，戴俐秋．炫耀性消费理论及其最新进展[J]．外国经济与管理，2005（4）：2–9．

而上层阶级为了维护自己的地位，需要持续创造新的流行或时尚。[①] 由此可推论，作为炫耀性符号的博物馆文创产品应融入一定的社会流行时尚趣味，以适应更多消费者的需求。

二、文创产品价值的实现路径和保障

文创产业的价值实现并非依赖于单一的创意核心产业，而是一个复杂的产业系统。在这个系统中，创意核心产业是主线，而创意支持产业、配套产业和衍生产业则是辅助线。它们相互支持、相互促进，形成了文创产业的生态链。这些产业是直接产生文化创意的源泉，也是推动文化创新的重要力量。以电影产业为例，一部优秀的电影不仅需要导演、演员、编剧等核心人员的创意发挥，也需要摄影、美术、音效等支持产业的配合，更需要发行、宣传、营销等配套产业的协助。创意支持产业为创意核心产业提供了必要的支持和保障。例如，设计公司为电影制作提供了专业的服装、道具和布景设计，艺术学校则提供了人才储备。这些支持产业的发展水平直接影响到创意核心产业的生产效率和创新能力。配套产业和衍生产业对于文创产业的价值实现起到了重要的推动作用。在这个产业系统中，各个环节之间的衔接和配合至关重要。只有各个环节都能够充分发挥自己的作用，才能够实现文创产业的经济价值和社会价值。而这一目标的实现，在很大程度上依赖于区域经济发展条件和区域政府的产业规划及产业政策。

从产品角度分析，文创产品价值的形成和实现过程会受到一般产品生产过程中供求机制、价格机制、竞争机制等价值规律的影响。这些规律不仅在文创产品的生产和交易中发挥作用，同时也制约和影响着文创产品的消费市场。因此，文创产品价值生产和实现过程在一定程度上遵循一般价值规律。由于文创产品的生成机理和特点，其价值系统的隐性及显性部分会随着所附加的创意个性的不同而不断增值。文创产品的价值实现不能简单地通过传统的市场供求关系和价格机制来衡量，而是需要考虑其文化、艺术、历史等多方面的价值因素。企业在设计和生产文创产品时，要充分考虑消费者的文化背景和消费心理，通过创新的产品设计和独特的创意表达，赋予文创产品更高的文化价值和艺术价值。同时，企业还需要通过有效的市场营销和品牌推广，提高文创产品的知名度和美誉度，增强消费者对文创产品的认同感和需求欲望。企业还需要建立完善的文创产品价值评估

① 张杨波．时尚的起源与传播：齐美尔的时尚滴漏论及方法论基础[J]．山东社会科学，2015(10)：42–47．

体系，以实现对文创产品价值的准确评估和持续跟踪。这需要企业根据文创产品的特点和市场状况，制定科学合理的评估标准和指标，同时结合专业评估机构和行业专家的意见和建议，确保文创产品价值评估的准确性和公正性。通过这种方式，企业可以更好地掌握市场动态和消费者需求，为企业的产品研发和市场策略提供有力的支持和指导。

（一）挖掘隐性价值以创造文化消费

文创产品的形式各异、内涵多样，因此其价值也因产品的不同而有所不同。在文创产业价值链中，内容创意这一隐性价值占据着主要地位，是文创产品价值实现的核心和基础。内容创意不仅可以控制产业链的关键环节，还可以将各种文化资源与信息数字技术相结合，创造出惊人的经济社会价值。因此，文创产品的内容创意也成为吸引消费者的关键点。文创产品的内容创意可以是抽象的文化概念、文化服务等，这些内容不仅仅具有观赏价值，更能激发消费者的情感共鸣和文化认同感。同时，文创产品的内容创意还可以通过创新的设计和独特的创意表达，将传统文化与现代科技相结合，赋予产品更高的文化价值和艺术价值。在文创产品价值实现的过程中，内容创意的重要性不言而喻。首先，内容创意是文创产品研发的核心，只有通过创新的思维和独特的设计，才能够打造出具有市场竞争力和文化价值的文创产品。其次，内容创意也是文创产品市场营销的关键。在产品推广和宣传中，只有通过独特的创意表达和精准的市场定位，才能够吸引更多的消费者并提高产品的销售业绩。最后，内容创意也是文创产品价值评估的重要指标之一。只有通过科学合理的评估体系和标准，才能够准确衡量文创产品的市场价值和社会价值。

文创产品是一种独特的文化产品，它利用文化资源的内容创意，通过创新的设计和独特的创意表达，将传统文化与现代科技相结合，创造出了具有市场竞争力和文化价值的文化产品。在文创产品的研发和生产过程中，内容创意是至关重要的，它不仅决定了产品的文化内涵和意识形态倾向，还关注产品的文化品位、社会效应和意识倾向。文创产品作为一种文化产品，其文化内涵和创意表达直接影响到消费者的文化认知和价值观念。因此，文创产品需要具备较高的文化品位和社会效应，才能够赢得消费者的认可和喜爱。例如，网络游戏在一定意义上也属于文创产品。因此，它不仅需要关注游戏本身的娱乐性和可玩性，还需要关注青少年的社会教育与健康发展。通过将正确的价值观和道德观念融入游戏内容中，它可以引导青少年健康成长，发挥游戏的积极作用。

内容创意必须在文化资源的基础上融合现代意识、结合现代科技，推陈出新。文创产品不仅要传承和弘扬传统文化，还要结合现代社会的特点和需求，融合现代意识和科技手段，创造出具有现代感和吸引力的文化产品。例如，在影视作品的创作中，导演和编剧可以通过运用现代科技手段和创作手法，将传统的文学和艺术元素进行创新和升级，打造出具有震撼力和感染力的影视作品。作为核心基础的内容创意要转化为文创产品，生产成本高且不易计量，需要高新技术的强力支持，如数字化技术、虚拟现实技术等。这些技术的应用可以大大提高产品的研发和生产效率，同时也可以提升产品的品质和市场竞争力。

随着科技的飞速发展和经济全球化趋势的推进，产业结构和经济形态也在不断演变。在这个过程中，上海 8 号桥的改造和转型具有典型的代表意义。这座曾经的旧厂房，经过一番创新和改造，如今已变身为现代创意园区，为城市的发展增添了新的活力。8 号桥的改造充分利用了科技的力量。在改造过程中，科技不仅被用来提升园区的硬件设施，更在软件服务上发挥了重要作用。智能化的办公系统、便捷的通信网络、环保的能源利用等，都为入驻企业提供了舒适且高效的工作环境。而公共服务平台的建设为企业和个人提供了信息交流、合作洽谈、专业咨询等多元化服务，极大地增强了园区的综合竞争力。8 号桥在营造文化氛围上也下足了功夫。通过定期举办艺术展览、讲座、论坛等活动，它不仅为创意企业提供了一个展示自己的舞台，也使公众能够更好地了解和参与到创意生产中来。同时，8 号桥还积极引入各类文化活动和创意比赛，以鼓励创新思维和艺术实践，进一步提升了园区的文化内涵和影响力。在经济全球化背景下，美国文创产业的繁荣为我们提供了宝贵的借鉴经验。强大的创新能力是美国文创产业的核心竞争力。与此同时，完善的产业链、发达的风险投资市场以及国家政策的支持也为其发展提供了有力保障。我国虽然拥有丰富的文化资源和创意，但在产业运作方面仍需加强。以“花木兰”为例，这一中国传统文化中的经典形象被美国成功转化为具有全球影响力的文化产品。这体现了美国强大的文化创新能力，值得我国借鉴和学习。我们拥有丰富的文化资源，但在如何将这些资源转化为具有市场竞争力的产品方面还需深入思考和学习。

（二）增值显性价值以引导文化消费

文创产品是一种融合了文化、创意和技术的产品，其目的是满足消费者的精神需求。在文创产品开发过程中，创意设计是至关重要的，但仅仅停留在创意设计阶段是远远不够的。文创产品需要经历从创意设计到生产制造，再到流通市场的全过程。文创产品的开发要基于深厚的文化底蕴和创新能力。这不仅需要设计师具备高度的艺术修养和创意思维，还需要对市场需求进行深入调研和分析。通过将文化元素与现代设计理念相结合，创造出具有独特魅力和实用性的文创产品。停留在创意设计阶段的产品往往只是一种美好的设想，它不能真正满足消费者的需求。因此，在文创产品的开发过程中，我们需要将创意设计转化为有实际价值的产品。这需要借助先进的生产技术和工艺，将设计理念转化为具有实际使用价值的商品。在产业化开发过程中，生产制造是实现文创产品价值的重要环节。通过引入先进的生产技术和工艺，可以提高产品的质量和生产效率、降低成本，使文创产品更加具有市场竞争力。同时，生产制造环节还可以根据市场需求进行定制化生产，满足不同消费者的个性化需求。在文创产品开发完成后，需要通过各种传播渠道将其推向市场。这需要借助广告、宣传、销售等手段，让更多的消费者了解和认可产品。通过有效的市场推广策略，可以提高产品的知名度和美誉度，吸引更多的消费者购买和使用。在文创产品的流通环节中，消费者可以体验到产品的实际使用价值和精神价值。消费者可以从产品的外观、功能、质量等方面感受到产品的独特魅力，并从中获取精神愉悦和满足。同时，消费者还可以通过对产品的使用和体验，了解和传承文化价值，进一步拓展文创产品的价值链。

消费者对文创产品的消费，不仅仅是对产品的购买和使用，更是一种对文化价值和情感认同的追求。文创产品所蕴含的文化内涵、创意理念和独特设计，往往成为吸引消费者的重要因素。消费者在购买和使用这些产品时，不仅是为了满足实际需求，更是为了获得更深层次的精神满足和文化认同。消费者对文创产品的消费决策往往基于对产品所含文化内容的认可和欣赏。文创产品在设计上融入了丰富的文化元素和故事背景，这些元素和背景往往成为吸引消费者的重要卖点。消费者在购买这些产品时，会主动去了解和探究产品所蕴含的文化内涵，以寻求与自己的价值观和文化背景相契合的产品。消费者对文创产品表现形式的接受也是影响消费决策的重要因素。要让消费者充分了解和认可文创产品的文化内涵和表现形式，需要通过有效的营销推广加以诠释和渲染。文创产品的营销策略需要注重增加产品的故事力、感受力和娱乐力，以吸引消费者的关注。通过创新的营销手段和广告策略，将产品的文化内涵和独特魅力传递给消费者，激发他们的购买欲望。在新型产品时代，“好酒不怕巷子深”的观念早已过时。随着市场竞争的加剧和消费者需求的不断变化，有形产品的营销策略和手段也需要不断创新和升级。对于文创产品这种内容创意隐含在产品之中的商品，更需要通过有效的营销策略来捕捉和挖掘消费者的需求和兴趣。在实践中，一些成功的文创产品营销案例为我们提供了宝贵的启示。例如，一些文创品牌通过讲述产品背后的故事，展示产品的文化内涵和独特设计理念，成功吸引了大量消费者的关注和购买。同时，一些创新的营销手段如社交媒体推广、知名人物代言、线上线下互动活动等，也为文创产品的传播和销售带来了更多的机会和渠道。

文创产品价值的挖掘是一项复杂而细致的工作，它不能依靠消费者主动去认识和发掘。相反，它需要生产商、设计师和营销人员共同努力，通过多次反复的展示、推介、宣传等手段，才能逐步将产品的价值挖掘出来。生产商需要对自己的产品有充分的了解和认识，明确产品的特点、优势以及潜在的市场价值。同时，生产商还需要通过有效的营销策略和手段，将这些信息传递给消费者。营销人员可以通过市场调研和分析，了解消费者的需求和喜好，然后根据这些信息制定有针对性的营销策略，以吸引更多的消费者购买产品。文创产品的价值挖掘需要媒体推介的重要力量。媒体是连接生产商和消费者的桥梁，它们可以通过报道、采访、评论等方式，向消费者传递有关文创产品的信息。媒体推介可以帮助消费者更好地了解产品的特点、优势以及潜在的市场价值，从而激发他们的购买欲望。同时，媒体推介还可以为文创产品建立品牌效应，提高产品的知名度和美誉度，进一步促进产品的销售和价值增值。设计师可以通过对文化元素和现代设计理念的巧妙结合，将产品的特点、优势以及潜在的市场价值以独特的方式展现出来。设计师的创意和创造力不仅可以提高产品的质量和品位，还可以为产品注入更多的文化内涵和情感价值，从而提升产品的附加值和市场竞争力。

在创意经济时代，人类的创意变得高度密集和多样化。这是一个信息和科技高度发达的时代，也是创意和创新得以充分展示的时代。不想让自己的创意被淹没，就要依靠新媒体这个强有力的推手。互联网、手机、数字电视、户外媒体等各类新媒体平台成为营销推广的新渠道。这些新媒体平台具有广泛的覆盖面和强大的传播力，能够将创意和信息迅速传递给消费者。通过新媒体的推广，一些文创产品可以迅速走红，成为大众喜爱的热门产品。文创产品的多重利用和广泛延伸也是实现其价值挖掘的重要手段。以热门 IP 为例，一些热门 IP 在文化创意企业的运作下，可以发展出同名小说、电影、电视剧和手机游戏。这种多重利用和广泛延伸使这些 IP 的文创产品瞬间成名。一个创意多次利用，可以实现其价值的最大化，满足不同受众的需求，同时为企业带来丰厚的收益。文创产品的成功还需要依赖创意的独特性和创新性。在竞争激烈的文创市场中，只有独特的创意才能脱颖而出。因此，文创产品的设计师需要通过独特的视角和创新的方式，将文化元素与现代设计理念相结合，创造出独具魅力和实用性的产品。同时，设计师还需要注重产品的用户体验和情感价值，使消费者在使用产品的过程中获得愉悦和共鸣。文创产品的价值挖掘还需要依赖有效的营销策略和手段。在竞争激烈的市场中，有效的营销策略和手段才能将文创产品的特点和优势传递给消费者。营销人员可以通过市场调研和分析，了解消费者的需求和喜好，然后根据这些信息制定有针对性的营销策略，以吸引更多的消费者购买产品。同时，营销人员还可以通过各种促销活动、优惠策略等手段，刺激消费者的购买欲望，提高产品的销售量和市场占有率。

（三）知识产权维护以保障价值实现

英国经济学家约翰·霍金斯认为，知识产权的保护对文创产业的发展至关重要。他把创造性产业界定为其产品在知识产权的保护范围内的经济部门。文创产业对知识产权保护的要求很高，知识产权是其生存和发展的关键。

当社会尊重和承认个人创造力价值的时候，便能够鼓励更多的人发挥自己的创新精神，使他们勇于探索未知领域，为社会的进步和发展贡献自己的力量。这种社会环境的形成不仅需要政府的大力支持和推动，也需要企业和民众的共同努力。政府在保护知识产权方面发挥着至关重要的作用。首先，政府必须将保护知识产权上升到战略高度，认识到知识产权对于促进经济发展、推动社会进步、提升国家竞争力等方面的重要作用。其次，政府应该加强知识产权法律法规的制定和实施，完善相关法律法规体系，加大对侵权行为的打击力度，让侵权者付出应有的代价。同时，政府还应该建立对文创产业产品无形资产的评估体系，让文化创意产业的创作价值和合法利益得到更加准确的评估和保护。企业和民众也应该具备相应的知识产权保护意识。企业应该加强对版权的保护，尊重和承认创作人员的劳动成果和知识产权，避免侵犯他人的权益。同时，企业也应该加强自主创新，提高自身的核心竞争力，以获得更好的商业效益。民众也应该增强知识产权保护意识，不侵犯他人的知识产权，不购买和使用侵权产品，同时也应该鼓励和支持正版产品和文化创意产业的发展。在保护知识产权的过程中，还需要加强国际合作。知识产权保护是一个全球性的问题，需要各国共同合作来解决。我们可以通过加入国际组织和参与国际合作等方式，加强与其他国家的交流和合作，共同推动知识产权保护事业的发展。

英国的文创产业在全球范围内享有盛誉，其成功背后，完善的知识产权保护体系起到了关键作用。英国的许多创业者和企业家在创业初期，就会咨询专业的知识产权律师或机构，确保他们的原创作品、设计、品牌等得到充分的保护。这样的前置措施不仅能够避免未来可能出现的法律纠纷，更能保障创作者和企业的经济利益。除此之外，知道通过何种渠道可以保护自己的知识产权也是非常重要的。英国政府和相关机构为企业和个人提供了大量的资源和工具，帮助他们了解和应用知识产权保护。例如，英国的知识产权局提供了详尽的指导和在线服务，使申请专利、注册商标和登记版权变得相对简单。此外，还有各种第三方机构和咨询公司专门为企业和个人提供知识产权策略和保护建议。为了进一步加强公众的知识产权意识，英国在一些大学的媒体专业和音乐系推出了关于知识产权法和知识产权保护的课程。这样的教育措施旨在让学生们在未来的职业生涯中，能够充分了解并尊重他人的知识产权，同时也能够保护自己的创作成果。这种从学校教育抓起的策略，无疑为英国培养了大量的知识产权意识强的新生代，为文创产业的持续发展提供了有力保障。

第二章　文创产品设计概述

本章为文创产品设计概述，主要介绍了四个方面的内容，依次是文创产品设计的理论、文创产品设计的特征、文创产品设计的步骤、文创产品设计的开发主体。

第一节　文创产品设计的理论

一、现代文创产品设计背景

（一）科学技术的进步丰富了设计的手段

现代社会正处在科学技术不断创造更新的高速发展时期，新技术、新材料的不断涌现，为文创产品设计提供了更多的选择和可能性。这些新技术和新材料打破了设计的局限，提高了设计产品实现的可能性，为文创产品设计提供了多元化的载体，转变了生产方式和手段，推动了文创产业的发展和繁荣。随着科技的不断发展，数字技术、信息技术、互联网技术等新技术不断涌现，为文创产品设计提供了更多的思路和创意。例如：利用数字技术可以将虚拟现实技术、增强现实技术等结合起来，创造出更具沉浸感和交互性的文创产品；利用信息技术可以将人工智能、大数据等技术应用于文创产品设计中，提高产品的智能化和个性化程度；利用互联网技术可以实现产品的在线销售、远程控制等功能，拓展了产品的使用范围和用户体验。随着人们环保意识的不断提高和技术的不断发展，新型材料的种类不断得到拓展，其性能也不断得到提升。这些新型材料具有轻质、高强度、环保等特点，为文创产品设计提供了更多的支持。例如：利用新型的环保材料可以设计出更具环保价值的文创产品；利用高强度的材料可以设计出更加坚固、美观的产品；利用轻质材料可以设计出更加便携、轻薄的产品。传统的文创产品生产方式具有周期长、成本高等特点，而新技术和新材料的出现使产品的生产方式变得更加高效、智能化和个性化。例如：利用3D打印技术可以快速实现产品的原型制作和生产；利用数字技术可以实现产品的数字化制作和输出；利用互联网技术可以实现产品的在线销售和远程控制等功能。这些新技术和新材料的出现不仅提高了生产的效率和质量，还降低了生产的成本和风险，推动了文创产业的健康发展。

（二）经济的发展提供了物质保障

文创产品设计的生产、销售和市场需求与经济发展有着密切的联系。在全球经济日益开放的今天，文创产业的发展不仅受到国内经济水平的制约，也受到国际市场的影响。文创产品作为非生活必需品，其需求量与经济水平密切相关。在经济繁荣时期，消费者对文创产品的需求会增加，因为人们在满足基本生活需求后，会有更多的可支配收入用于追求精神层面的满足；而在经济不景气时，文创产品的需求量则会减少，因为消费者可能会更加注重基本生活必需品的支出。文创产业是一个知识密集型、高投入的产业，其发展需要大量的资金和资源。在经济繁荣时期，政府和企业有更多的资金用于文创产业的发展，为文创产品的研发、生产和销售提供更好的物质保障。此外，经济的发展也为文创产业提供了更多的就业机会和更广阔的市场前景，从而吸引了更多的人才和资本进入该领域。文创产业不仅能够满足人们的精神需求，还能够带动相关产业的发展，如旅游、出版、影视等领域。文创产品的创新和多样化也促进了消费市场的繁荣和经济的增长。文创产业的发展还为国家和地区带来了品牌效应和国际影响力，促进了国际交流与合作。经济与文创产品设计的生产、销售和市场需求是相互促进、共同发展的关系。在经济增长时，人们对文创产品的需求随之增加，经济的发展为文创产业的发展提供了物质保障；而在经济下滑时，人们对文创产品的需求随之减少，经济的停滞也给文创产业带来了挑战和制约。文创产业的发展需要经济的支持，同时也能够促进经济的发展。

（三）信息的交流促进了文化交流

在信息交流不断加快的今天，各国文化之间的交流与融合更加密切。这种全球范围内的文化交流与碰撞不仅丰富了我们的生活，也给文创产品设计提供了无尽的文化资源和灵感。在经济全球化的大背景下，各种文化元素不断地交流、融合，为设计师提供了丰富的文化资源。设计师可以通过研究不同文化元素的特点和内涵，从中获取灵感，设计出具有独特魅力和文化内涵的文创产品。例如，中国的传统文化元素如书法、绘画、剪纸等都可以融入文创产品设计中，开发出具有中国特色的文创产品。价值观念的差异性也为文创产品设计提供了不同的视角和思考方式。不同文化背景下的消费者有不同的价值观和审美观，这要求设计师在设计文创产品时需要考虑这些差异。通过了解和研究不同文化背景下的消费者需求和喜好，设计师可以设计出更符合消费者期望的文创产品。例如，西方文化注重个人主义和自由，而东方文化注重集体主义和和谐，设计师需要根据这些不同的价值观设计出符合消费者期望的文创产品。信息的全球共享及获取的便利性也为设计师设计文创产品提供了便利。互联网的发展使信息的传播和共享变得更加快速和便捷。设计师可以通过互联网获取各种文化资源和信息，了解全球的文化动态和市场趋势，从而更好地设计出符合市场需求的文创产品。例如，设计师可以通过社交媒体和网络平台了解不同文化背景下的消费者的需求和喜好，从而设计出更令消费者满意的文创产品。消费者也能更多、更广地了解全球的文化动向和不同地区的文创产品。在信息快速交流的今天，消费者可以通过各种渠道了解全球的文化动态和文创产品。例如，消费者可以通过社交媒体和网络平台了解不同地区的文化活动和文创产品，也可以通过旅游亲身感受不同文化的魅力。

二、多种多样的文创产品设计表现手法

经济全球化带来的信息和文化的交流使文创产品的设计不再受地域和时空的限制。设计师可以从全球各地的文化中汲取灵感，将不同文化的元素融合到设计中。这种跨文化的融合不仅丰富了文创产品的设计风格，也使产品更具多元性和包容性。信息时代的发展也带来了新的设计思维模式。随着互联网和数字技术的发展，设计师可以运用更加先进的设计工具和方法。这些新的设计工具和方法打破了传统的固定思维模式，使设计师在设计过程中更加自由和开放。另外，新一代的消费群体对文创产品提出了多元化的需求。他们对产品的需求不再仅仅是对其功能性的需求，而是更加注重产品的文化内涵和个性化。这种多元化的需求促使设计师在设计时运用多种表现手法，使产品更加丰富多彩。同时，文创产品的设计也需要不断借鉴不同地域、不同历史时期的文化与艺术风格。这些不同的文化元素和艺术风格为设计师提供了丰富的素材和灵感。通过将这些文化元素和艺术风格与当代审美情趣相结合，设计师可以创造出更多的表现形式，设计出更多风格独特的产品。文创产品的设计也需要注重实用性和功能性的结合。设计师需要考虑到产品的使用场景和使用方式，使产品既具有美观性又具有实用性。

（一）设计多样文创产品外观

文创产品作为文化和创意的结合，其吸引消费者的能力往往决定了其市场价值。在让消费者产生购买欲望方面，文创产品的设计起着至关重要的作用。独特的外观设计是吸引消费者的第一步。在众多的产品中，一个与众不同的外观能够在第一时间抓住消费者的眼球。这种独特性可以来自对传统文化的创新解读，也可以来自对现代审美趋势的敏锐把握。设计师需要充分发挥自己的创意思维，将各种元素进行有机的组合和创新，为产品打造出一个独特而引人注目的外观。文创产品的外观设计需要符合广大消费者健康的审美和爱好。这意味着设计师需要对目标消费群体有深入的了解，包括他们的文化背景、审美倾向、消费习惯等。只有这样，才能设计出真正符合消费者需求的产品。同时，设计师还需要关注社会的审美趋势和变化，不断调整和优化自己的设计，以满足消费者不断变化的需求。在造型方面，不同时代、不同消费群体在审美上千差万别。这导致设计的造型也呈现了多样性的特征。例如，年轻一代可能更喜欢简约、时尚、个性化的造型，而中老年人可能更偏爱传统、复古、典雅的造型。因此，设计师需要根据目标消费群体的特点，选择合适的造型风格，以最大限度地吸引他们的注意力和激发他们的购买欲望。同时，文创产品的设计也需要注重细节。一个成功的文创产品不仅在整体造型上要吸引人，还需要在细节处理上做到精致、考究。这种对细节的追求可以体现在产品的材质选择、工艺处理、色彩搭配等方面。只有每一个细节都处理得当，才能打造出真正具有品质感和高级感的文创产品。

（二）使用多种文创产品材料

使用不同的材料可以表现出产品的不同档次，材料的选择和处理对于产品的整体质感和品质有着至关重要的影响。不同的材料能够赋予产品不同的质感和气质。例如，高档的金属材料可以让产品看起来更加高贵、典雅，而天然的木材则可以为产品增添一份自然、温馨的气息。因此，在设计过程中，设计师需要根据产品的定位和风格，选择合适的材料来表现产品的个性追求。随着科学技术的不断进步，材料的创新也为设计师带来了更多的选择。例如，新型的复合材料、智能材料等，都具有独特的性能和表现力。设计师可以将这些新型材料与传统的材料进行混合、交错使用，创造出更加丰富多样的产品效果。传统的设计思维往往受限于材料的种类和性能，而新型材料的出现打破了这种限制。设计师可以更加自由地发挥自己的创意和想象力，通过运用新型材料来实现自己的设计理念。当然，在运用不同材料进行设计时，设计师也需要考虑到材料与产品功能、使用环境等方面的匹配性。不同的材料具有不同的物理性能和化学性质，设计师需要充分了解这些特性，确保材料的选择和处理能够满足产品的使用需求和安全性要求。此外，环保和可持续性也是设计师在选择材料时需要考虑的重要因素。随着社会对环保和可持续性问题关注度的不断提高，设计师需要优先选择可再生、可回收、低污染的材料，以降低产品对环境的影响。

（三）设计多元文创产品功能

当代文创产品越来越多元化，不仅要有美丽的外观，还要具备实用、方便的使用功能。例如，钱包、手提包、披肩等实用性强的生活类文创产品越来越成为主要的设计载体。这些产品不仅具有观赏价值，还能满足消费者的实际需求，因此更加受到消费者的青睐。实用性强的文创产品更符合现代人的生活方式和需求。随着生活水平的提高和消费观念的转变，人们对文创产品的使用功能也提出了更高的要求。实用性强的文创产品不仅可以让人们的生活更加便利，还能提高人们的生活品质和审美水平。例如，一款美观又实用的钱包可以更好地满足消费者对品质和审美的追求，同时也方便消费者在日常生活中使用。将文化元素融入实用性产品中，可以使消费者在日常生活中更好地感受到文化的魅力，进而促进文化的传承和推广。例如，一款以传统文化为主题的手提包或披肩，可以让消费者在日常生活中了解和接触到传统文化，进而促进文化的传承和发展。实用的文创产品还可以为文创产业带来更多的商机和增长动力，由于其更加贴近消费者的实际需求，因此具有更广泛的市场前景和商业潜力。同时，这些产品的出现也可以为文创产业带来更多的创新和增长动力，推动文创产业的持续发展。

三、文创产品设计的创新要素

（一）造型创新

文创产品设计在造型方面的多样性源于对不同文化元素的运用。这些文化元素可以是历史的遗迹，也可以是民间的传说，或者是地域特色的标志。将这些元素融入设计中，不仅可以丰富产品的造型，还可以通过造型创新来展现各种文化的独特魅力。文创产品的设计常常从历史的角度出发，借用古代的文化元素。例如，中国古代的青铜器、瓷器、玉器等物品常常被用到设计中。设计师们会根据这些古代器物的形状、纹样、色彩等元素进行再创作，使文创产品既具有古典韵味，又具有现代的时尚感。文创产品设计也会从民间传说中汲取灵感。民间传说是一种具有深厚群众基础的文化形式，它包含了一个国家、一个民族丰富的历史文化信息。例如，在我国的传统节日端午节时，人们会用龙舟、粽子等元素来设计文创产品，使人们在购买产品的同时，感受到强烈的民族文化气息和节日氛围。地域特色也是文创产品设计的重要元素。不同地区有着自己独特的文化符号，如法国的埃菲尔铁塔、意大利的比萨斜塔、中国的长城等。设计师们可以将这些具有地域特色的元素运用在产品设计中，使产品具有鲜明的地域特色，从而吸引更多的消费者。设计师还可以从常见的事物中汲取灵感进行文创产品的造型创新。例如，一些以动物为主题的文创产品可以借助对动物形态的夸张、变形等手法，创造出具有趣味性和艺术性的造型。

（二）功能创新

在设计中，实用功能是产品的基础，是满足消费者需求的根本。设计师需要从消费者的角度出发，了解他们的需求，然后设计出符合这些需求的产品。同时，文创产品的实用功能还需要考虑到与环境的适应性，使其在不同的场景下都能发挥出应有的作用。文创产品的审美功能也是非常重要的。审美功能是产品的精神功能，它能够带给消费者美的感受和体验。设计师需要从文化元素中提取美的元素，然后将这些元素融入产品设计中。通过合理的造型、色彩、材质等元素搭配，使文创产品具有独特的魅力，让消费者在使用过程中产生美的享受。在文创产品设计中，如何合理进行产品的功能创新是一个重要的课题。设计师需要在满足消费者需求的前提下，尽可能地提高产品的使用体验和视觉效果。他们可以借助对产品的细节处理、人性化的设计、环保材料的使用等来提升产品的品质和用户体验。同时，他们还可以将智能化、互联网等技术引入产品中，使其具有更多的智能化功能和交互体验，增加产品的趣味性和互动性。情感功能是指产品能够引发消费者情感共鸣的功能。设计师需要从消费者的情感需求出发，了解他们的情感诉求和心理需求，然后设计出能够引发消费者情感共鸣的产品。通过将文化元素、故事情节等融入产品设计中，使产品具有更加深刻的情感内涵和文化底蕴。

（三）色彩创新

色彩是一种视觉语言，是人类感知世界的重要媒介之一。在文创产品设计中，色彩的运用不仅关乎产品的美感，更与设计者的审美观念和对消费者心理的把握密切相关。合适的色彩搭配不仅可以带给人们不同的心理感受，更能让文创产品脱颖而出，成为市场上的焦点。色彩可以影响人的情绪和心理。不同的色彩可以通过视觉刺激引发人们的不同情绪反应。暖色系如红、黄、橙等，能使人感到温暖、舒适和愉快，常常用于传达积极、活泼的情感；而冷色系如蓝、绿、紫等，则使人感到冷静、清爽，甚至带有一些忧郁的色彩，常用于传达沉稳、内敛的情感。因此，在文创产品设计中，设计师需要根据产品的主题和定位，选择合适的色彩来传达相应的情感。在文创产品设计中，色彩关乎设计者对产品由内而外的审美观念。设计师的审美观念决定了他们对色彩的选择和运用。一些设计师可能偏爱暖色系，因为他们认为这些色彩能给人带来快乐和活力；而另一些设计师则可能更喜欢冷色系，因为他们觉得这些色彩能表现出优雅和宁静。这种审美观念会影响设计师对产品整体风格和氛围的把握，从而影响消费者对产品的整体印象。良好的色彩搭配不仅可以带给消费者独特的心理感受，而且可以让文创产品变得更别出心裁。色彩搭配是文创产品设计中非常重要的一环。通过将不同的色彩进行巧妙的组合和搭配，设计师可以创造出丰富多样的视觉效果，使产品在视觉上更具吸引力和冲击力。例如，一些设计师善于运用对比色来增加产品的视觉冲击力，让消费者在第一时间被吸引；而另一些设计师则善于运用类似色来营造和谐统一的视觉效果，让消费者感受到产品的整体美感。色彩的运用还需要考虑地域和文化的差异。不同的地区和文化背景对色彩的喜好和解读可能存在差异。因此，设计师在进行文创产品设计时，需要充分了解目标市场的文化背景和色彩喜好，避免色彩运用不当而被消费者误解或排斥。

（四）结构创新

结构可以决定产品的功能，在结构方面进行创新，就可以使产品具备更多功能。文创产品结构方面的创新设计可以体现出产品的结构美感。

（五）材料创新

文创产品设计涵盖广泛，涉及材料繁多，每种材料都有其独特性能。现代科技的进步推动材料不断创新，为文创产品设计带来新的可能性和视觉效果。以故宫文创产品为例，其成功在于通过年轻化、时尚化的创新设计和材料应用来呈现传统文化，赢得了大众的喜爱和追捧。因此，推动文创产品的材料创新是我国文创事业发展的重要途径。

四、文创产品设计的发展趋势

（一）文创产品的主题系列化

在文创产品开发设计中，系列化的主题产品具有显著的优势。这种优势主要体现在对文化元素的创新运用和产品开发的系统化两个方面。系列化的文创产品能够通过多种设计手法，将文化元素融入产品的造型、色彩、材质、结构等各个方面。这种全方位、多角度的融入方式可以使文化元素在产品中得到更加生动和鲜明的体现，增加产品的文化内涵和艺术价值。同时，这种设计手法还可以提高产品的设计感和创新性，吸引更多消费者的关注和喜爱。系列化的文创产品设计开发具有明确的主题，产品设计更具连贯性。这种连贯性不仅有助于消费者更好地理解和接受产品，还可以根据消费者的需求进行更加精准的开发和设计。通过系列化的设计方式，可以针对不同的消费群体开发出更为完备的产品线，满足不同消费者的需求和喜好。系列化的文创产品设计还可以通过明确的主题和统一的设计风格，打造出独特的品牌形象和品牌文化。这种品牌形象和文化的塑造，可以增强消费者对产品的认知和信任度，提高产品的市场占有率和竞争力。同时，系列化的设计方式还可以不断推陈出新，保持产品的活力和吸引力，延长产品的生命周期。以中国的传统历史文化为例，可以提取传统文化的核心元素，运用现代设计理念进行再创造，将其融入产品的造型、色彩、材质等方面。同时，还可以将传统文化元素与现代科技手段相结合，为消费者带来更丰富和立体的文化体验。在系列化的文创产品设计开发中，可以根据不同消费群体的需求和喜好，进行更为精准的产品开发。例如：针对年轻消费者群体，可以开发出更具时尚感和设计感的文创产品；针对家庭消费者群体，可以开发出更具实用性和性价比更高的文创产品。同时，还可以根据不同地区和不同文化的特点，开发出更具地域性和文化特色的文创产品。

（二）文创产品的环保化

随着生活水平的提高和环保意识的增强，人们对文创产品的需求已不仅仅是为了满足生活需要，更多的是追求健康、环保和可持续性。因此，当代文创产品设计的发展方向应该注重满足人们的生活需求。随着科技的不断发展，人们的生活方式也在不断改变，对文创产品的需求也在不断更新。设计师需要深入了解人们的生活习惯，结合现代科技手段，设计出更为实用、便捷、环保的文创产品。文创产品设计应体现出积极的、健康的、不破坏生态和环境的理念。设计师需要在产品设计中尽可能地减少对环境的破坏和污染。例如：在材料选择上，应优先选择可再生、可循环利用的材料；在设计产品时，应注重节能减排，减少能源消耗。文创产品设计还应考虑前期使用到后期销毁对人类生存环境的影响。在产品设计阶段，应考虑产品的可拆卸性和可回收性；在产品使用阶段，应尽可能地减少对环境的污染和对能源的消耗；在产品销毁阶段，应考虑产品的处理方式和资源回收利用等方面的问题。

（三）文创产品的个性化

文创产品的生产经营者为了在市场中脱颖而出，除了在设计上展示独特的创意，还应在文创产品的各个方面进行差异化。其中，使用特定标志是文创产品生产经营者常用的策略之一。这些标志不仅突出了文创产品特有的文化内涵，还能在消费者心中形成品牌效应，进一步增强产品的吸引力和竞争力。文创产品的生产经营者会在产品的设计上展示独特的创意。他们深入挖掘文化元素，结合现代设计理念和手法，将传统文化与现代审美相结合，打造出独具特色的文创产品。这些产品不仅具有实用价值，还具有很高的艺术价值和收藏价值。通过独特的设计，文创产品能够吸引消费者的眼球，激发他们的购买欲望。文创产品的生产经营者会在产品的包装上使用特定标志。这些标志是文创产品的标志性符号，具有辨识度和代表性。通过在包装上使用特定标志，文创产品生产经营者可以向消费者传递产品的独特性和文化内涵。同时，精美的包装还可以提高产品的附加值，增加消费者的满意度。文创产品的生产经营者还会在宣传广告中使用特定标识。这些标识是品牌形象的代表，可以有效地传递品牌价值和品牌形象。通过在宣传广告中使用特定标志，文创产品可以吸引更多消费者的关注和认可。同时，生产经营者还可以借助品牌效应，提高产品的市场占有率和竞争力。这些策略也为文创产品的生产经营者带来了新的挑战和机遇。一方面，他们需要不断创新和挖掘文化元素，保持产品的独特性和新颖性；另一方面，他们也需要注重品牌的建设和维护，提高产品品质和服务水平。通过不断努力和创新，文创产品的生产经营者可以打造出更具市场竞争力的品牌形象和品牌价值。

第二节　文创产品设计的特征

一、民族性

民族性可以解释为“民族的特性”。就如提到法国人，会联想到浪漫；提及德国人，会联想到严谨；谈论巴西人，会联想到热情；等等。而说起中国，很容易让人联想起龙、红色和黄色、团结等主要的印象和符号。以故宫藏画文创系列的再创造为例，利用民族的特性进行再创造不仅能丰富习惯的意义，也能使民族的生活方式得以延伸。

世界上各种各样的民族、地区、国家等一切能形成部落的都有着自己独特的文化与传统，正是这种独特性让各民族自由发展，与其他民族有所区分。

二、创新性

文化源远流长，有不灭的生命力。将文化与产品结合，并以特定的形式展现，这不仅可以突出产品内涵，还能提高产品的美誉度和强化产品的标志性。将文化元素与产品设计相融合，产品因此有了文化底蕴，或浅或深都更能经得起时间的反复咀嚼。

但用文化推进产品，往往需要革新。文创产品的创新性指以产品为载体，对反映物质及精神追求的各种文化要素的总和进行革新，使其产生新颖独特并有一定社会价值的成果。这个成果既包括思维的，也包括实践的产品，所以文化创新的意义是显而易见的。创新是发展的动力。以古代形象和现代形式结合的故宫文化创意雨伞为例，产品和文化的创新、形象和形式的融合能极大地提升产品竞争力和受欢迎程度，拓宽市场。

三、人文性

人文性指与产品相关的一切活动都应是以人为中心的，不应单纯地制造产品、追求利润。产品不应只是大时代机器上的部件，也不应只是技术和工具的产物；产品应该是一个使人们能够发挥聪明才智，实现各种需求和追求，尤其是以文化为主角的创意产品。它凝结着一般的抽象的人类劳动，凝聚着创造力，是设计群体特定的价值观、思维模式和心理的、知识的、能力的综合素质的体现。产品的最终目的是满足需求，是为了促进人类社会的发展，这种性质深深地打着人文的烙印。

四、差异性

作为文化的衍生，文创产品同样具有文化天然的差异性。利用文化差异性，可以使蕴含文化的产品和服务有别于一般产品，得到消费者的认同。许多产品的设计和产出往往总是试图寻找适合于一切情况的运行模式，这种共性化的模式尽管在今后不应完全抛弃，但它的确是以往“一刀切”弊病的原因之一，而文创产品则更应强调把握产品的个性特征，用最突出的文化标志进行设计，强调按照文化自身的特点进行有效的设计。

五、时代性

任何设计、任何产品都是置身于一定的时空和环境中的，受时代的精神和文化的渲染，但又推动社会环境的发展。纵观每个世纪的艺术产品，以16至18世纪的青铜佛像为例，产品的时空环境是影响产品生存与发展的重要因素，产品文化是时代的产物。因此，产品的产生与发展、内涵与形式，都要受到一定时代因素的制约。这些因素环环相扣，共同构成了产品的时代性特征。

六、地域性

在产品设计领域，各地的文化和传统不仅给设计师提供了丰富的创意灵感，还有助于设计师更深入地理解地域文化背景下产品中传递的文化和思想。在产品设计过程中，对文化特征的把握是至关重要的。这需要设计师对当地的文化有深入的了解和研究，包括风俗习惯、地理环境、气候、经济、人文等各个方面。例如，中国的传统工艺品设计通常会考虑到五行学说、阴阳平衡等哲学理念，而英国的工业产品设计则更注重功能性。这些不同的设计理念和风格实际上都是对当地文化的一种反映和体现。产品设计以人为中心，这句话提醒我们，设计的最终目的是满足人的需求。而人的需求又是多种多样的，包括生理需求、心理需求、文化需求等。最初的产品设计是为了满足人们最基本的生理需求，如食物、衣物、住房等。然而，随着社会的发展和技术的进步，人们的需求也在不断地变化和升级。如今的产品设计，除了满足人们的生理需求，还需要满足人们的精神需求和文化需求。例如，设计一款智能手表时，除了要考虑它的功能性和时尚性，还需要考虑它的文化性。这样它才能满足现代消费者对品质、品位和文化认同的需求。各地的文化和传统为产品设计提供了丰富的素材和灵感。设计师可以通过对这些文化和传统的理解和研究，发掘出更多的设计元素和灵感。例如，中国的传统工艺品设计中常常会使用一些寓意吉祥的图案，如龙、凤、牡丹等。

经济全球化背景下，产品设计与地域文化的关系越发紧密。产品蕴含的区域文化意象已经成为传播区域文化的关键纽带。通过产品这个载体，人们可以更好地理解和体验不同地域的文化特色。同时，这种文化意象也成为提高产品竞争力、推动区域经济发展的关键因素之一。在产品设计中融入文化可以增加产品的附加值，使产品本身具有独特的文化内涵和特色。这种文化内涵使产品不仅仅是简单的商品，更是一种文化象征。地域文化的多元性使人们对产品的需求也呈现出多样化的趋势。因此，将地域文化元素融入产品设计中，可以使产品更具有针对性，更好地满足人们的需求。这种地域文化产品的全球化也促进了不同文化之间的交流和融合，推动了文化的多元化发展。

第三节　文创产品设计的步骤

一、调研文化消费市场

文创产品属于一种文化产品。文化产品的策划离不开客观条件的限制，如背景资源、产品需求、市场容量等。文化产品策划的对象以终端消费者为主，研究消费者的需求以及购买行为特点是产品策划的关键，而为了了解和掌握消费者的需求和购买行为特点就需要进行充分的市场调研。

（一）对市场环境的分析

文化产品受资源条件、组织机构条件、法律限制范围等各种条件的约束。预先对文化产品策划的市场环境进行细致分析，找出各种可能的约束条件，是拟定实际可行的策划方案的前提。

（二）对市场消费容量的调查

当下有很多值得挖掘的文创产品市场，如手账文化，可以调查该类型产品在行业市场的总体销售（或服务）特征，行业市场的变化发展趋势，同类型产品的开发情况、行业占比、覆盖率、公众关注度、知名度，在现有市场条件下还有多大的市场价值尚待开发，继续挖掘的潜力有多大等。

（三）受众调查

受众调查是文化消费市场调研的重中之重，调查内容包括目标受众的群体特征、地区分布、文化心态等。针对商业性质的文化产品，还应侧重调研消费者的购买动机、消费能力、消费态度、服务要求、消费习惯、消费喜好等。如消费者购买产品时考虑了哪些因素？其中最重要的影响因素是什么？消费者对产品的需求量有多大？消费频率受哪些条件影响？产品价格在什么水平最具竞争力？……

二、明确文化定位

文化产品策划是目的性很强的活动，任何产品的策划均需要针对解决受众某一问题或达成某种特定效果来设计。而明确文化产品的定位是准确设定该产品甚至该产业长远发展目标的基础，是整个文化产品创意策划能否实际解决某问题、取得某效果的必要前提。同时，在清晰的产品定位下，才能有效监管策划方案的实施，并科学评估策划方案实施后的实际效果。

可以说，明确文化产品定位、在前期挖掘产品内涵和调研文化消费市场三者应当是同时进行并相互影响的。因为在实际的文化产品策划中有些情况下策划目标非常明确，但有些情况下面对的问题和策划的目标却不太明显，需要策划者自行挖掘、归纳，这种情况下需要进行充分的文化内涵挖掘及详尽的事前调查。

一款精准定位的文创产品能够深度提炼文化内涵，充分展现其独特魅力。这种产品在前期能够有效地吸引目标客户，并且具备非常重要的宣传价值。它不仅是一种商品，更是一种文化的传播载体，能够让人们在日常生活中感受到传统文化的魅力。因此，这种文创产品在市场上具有很大的潜力和发展空间。

三、创意与构想设定

能否准确发现问题、设定目标，决定着文化产品创意策划方向的准确性。在完成了前面步骤的准备工作后，接下来应当进入真正的创意阶段。

这是文化产品策划的核心部分，是最能体现策划人的创造能力和专业水准的阶段。策划者需要发挥自己卓越的创造力，将前期累积的零星信息进行有效整合，即将头脑中存储的感受、知识、经验等，加上关于本产品的新信息，以及外部刺激带来的联想、暗示、反思等进行整合。通过个人灵感或策划小组的头脑风暴法、专家意见法等方式，对所有信息加工、变形、取舍而产生创意点，进而形成初步的策划构想。经过时间的沉淀和完善，策划构想将进一步清晰、成形，并最终发展成为完整的创意策划总体框架。

四、制定方案

（一）制定策划方案

制定策划方案是文化产品创意策划中非常重要的环节，只有制定出科学全面的策划方案，才能保证目标的有效达成。文化产品的策划方案与普通策划方案并无过多不同，都围绕如何实现目标而展开，是把策划者头脑中或策划小组零散的想法具体化为可操作的行动指南。这是创意策划得以落地实施的保证，是一种质的飞跃，使得整个策划过程有了现实意义。

不同的产品类型在制定策划方案时需有不同的内容结构和策划重点。但大多包含以下几个部分：策划背景说明、具体执行内容、人员组成及分工、项目时间进度、经费预算、资源保障措施安排、目标效果预测等。策划方案的具体计划安排越详尽、预算越精准，其现实可行性就越强，从而越具有说服力。具体方案写作同样需要注意：应主题鲜明、表达精练、逻辑合理，同时辅以必要的视觉化手段，如图表、图像、照片、设计模型等。

一般来讲，立项策划与具体的执行策划需要分开叙述，前者重点在于既要让策划委托者对产品或项目产生兴趣、确信可行，又要做到不至于泄露机密；而后者则侧重于具体执行的安排，越详尽越好。策划方案形成后，还应当对其进行可行性评估论证，确保其可以顺利实施。

（二）制定设计方案

制定设计方案必须有充分的依据，通过用户调查和市场预测掌握原始材料、明确新产品的使用范围、了解各类消费者的意见和需求、估算国内市场的总容量。同时，它还需收集和分析全球范围内同类型产品的情报，如功能、售价、结构特点、发展趋势、市场占有率及消费者评价。它还需确定具体指标，根据不同消费者要求确定 2～3 个不同技术指标或功能，并将设计方案进行比较。制定设计具体方案可以根据技术条件限制，运用多种设计方案实现技术指标或功能。通过初步定性分析选出 3～4 个预备方案进行详细技术分析，最终选出最佳方案。

五、实施与评估效果

在方案制定完成后，就需要进行具体的实施。而在策划实施结束后，不管是文创产品得以投产，或是文化传播服务得以开展，或是创意活动举办完成，或是某些文化项目开始运行，都需要对其是否达到策划的预期效果予以评估。

评估内容大致包括预期目标、计划完成度、社会效益、经济效益、心理效益等各方面。评估方法可采用定性与定量的研究手段相结合，具体有成本收益分析法、价值分析法、自我评定法、专家评定法、受众调查法、组合评价法等。

当评估发现实施结果不佳或偏离预期目标时，应随时根据反馈信息做出调整。根据实际情况，有的策划可能需要立即修正、重新实施，有的则仅需吸取经验，在下次类似项目中调整策划方案，避免出现类似情况。只有对文创产品效果进行科学评估并形成良好的反馈机制，策划流程才可以说是完整的。

第四节　文创产品设计的开发主体

文创产品设计的开发主体包括地方政府、生产企业、投资主体、文化主体、设计主体等几个方面。本质上，除设计主体外，上述开发主体通常也是文创产品设计开发的项目委托人。一般而言，由不同的项目委托方所主导的文创产品设计开发项目，其立足点与着眼点会有较大差异。政府主管部门、设计主体、投资主体、生产加工主体、销售主体、消费者共同构成文创产品设计开发的参与主体，是文创产品设计开发的利益获得者。

文创产品设计开发过程包括对当地文化和产业资源的梳理、旅游类型定位、文创产品品牌定位、资金支持、产品设计、专利保护、生产加工、包装展示、销售推广、风险管控、产品评价等各个环节。文创产品开发收益主要在设计主体、投资主体、生产加工主体、销售主体之间分配。受益主体以上缴利税的形式增加当地财政收入，促进区域经济发展。政府主管部门、销售渠道、消费者与受赠者是文创产品的评价主体。

一、地方政府

（一）地方政府的文创产品设计开发的诉求

地方政府对于促进本地区经济、教育、科学、文化、卫生、体育事业的发展，负有主要领导责任。地方各级政府对文创产品设计开发的诉求一般源于以下两个方面。

第一，各级政府、企事业单位等对外交往与公务会议中，对文创产品存在大量实际需求，成为文创产品设计开发的重要动力。文化特征突出、内涵丰富的文化礼品可以成为当地政府介绍本地特征、讲好本地故事的重要媒介。以物传情，以物达意，增进受赠方对该地区的情感连接与文化认同。

第二，文化创意与精品旅游相互依存、相互影响。一方面，旅游产业精品化发展策略可以带动客源，提升潜在购买力，对文创产品设计开发产生更多消费预期；另一方面，文创产业的优化发展也会深化旅游内涵，提高旅游收益，更深层次地推动产业升级，促进区域经济发展。各级政府以推动文创产品设计开发为手段，其目的是有效加快当地产业升级，促进就业，推进当地经济有序健康发展。因此，地方政府推动文创产品设计开发的视角更为宏观。

（二）地方政府进行文创产品设计开发的案例

西安地处中国西北地区、关中平原中部、北濒渭河、南依秦岭，素有“八水绕长安”之说，历史上先后有西周、秦、西汉、隋、唐等十多个王朝在此建都，是中华文明的发祥地之一、中华民族的摇篮、中华文化的杰出代表。联合国教科文组织于 1981 年确定其为“世界历史名城”。

西安所拥有的深厚文化底蕴与丰富历史遗迹是其他城市无法比拟的。今天的西安仍然保持着汉唐时期长安城的基本规划与城市格局，其营建制度规划布局的特点是三城层环、六坡利用、布局对称、街衢宽阔、坊里齐整、形制划一、渠水纵横、绿荫蔽城、气势恢宏。长安城的城市格局深刻地影响着此后东亚各国都城建设的基本范式。今天的西安分别以长安路—南大街—北大街一线，以及雁塔南路—和平路—解放路一线南北纵贯古城，连接本地区的重要历史文化遗迹。

自 2017 年以来，西安出台了一系列促进文化产业发展的政策措施，全力推进文化产业大发展。西安秉持以文先行、以文塑城、以文强市的发展理念，深入实施“文化 +”战略，围绕“文化 + 人脑 + 电脑”的模式，促进文化与科技、旅游、金融等融合发展，构筑西安“文化产业增长极”，全力打造丝路文化高地，将西安文化品牌做实、做精、做强，让广大市民群众共享文化建设的丰硕成果。

2020 年，由西安世园投资（集团）、宋城演艺联合打造的大型歌舞《西安千古情》在西安千古情景区成功首演。反映陕西文化的电视剧《千里雷声万里闪》《白鹿原》《那年花开月正圆》等一批精品剧目在全国播出后，广受社会各界的关注和好评，取得了社会效益和经济效益双丰收，成为西安扎实推进文化建设的一道亮丽的风景。《白鹿原》与《那年花开月正圆》两部作品获同一届“中国电视剧飞天奖”。

西安在继续建设老钢厂设计创意产业园、纺织城艺术区等老牌文创基地的同时，也在不断地涌现出一批有创意的文化创意项目，如丝路创意梦工厂等。

二、生产企业

目前，越来越多的生产企业认识到，文创产品设计开发已不再局限于文化礼品、旅游纪念品的狭窄范围，而是成为促进当地产业升级、三产（第一、第二、第三产业）融合发展的重要手段。文创产品设计开发的工作重点已由早前的“文创产业化”向“制造产业文化化”过渡。具体而言，文创产品设计开发的重要目的是增加传统日用产品的文化价值，形成文化创意设计向农副土特产品、手工艺产品、轻工业产品、日用消费品、区域旅游产品等综合赋能的态势，推动当地普通消费品的“文创化”转化，提高其议价能力，推动产业升级，促进就业以及当地经济有序健康发展，形成“文创＋产业”的发展格局。由生产企业所主导的文创产品设计开发往往具备以下几个方面的需求。

（一）丰富产品文化价值

目前我国大多数民用快消品生产加工企业仍以产品的使用功能为主要价值输出导向。因此，传统生产企业产品的价值实现主要依靠原材料、工艺、劳动力等物质因素，而较缺乏对产品文化内涵的挖掘、对消费心理与情感需求的研究、对消费人群的定位与对产品品牌的把握。因而，此类加工企业往往呈现出技术含量低、劳动强度大、议价能力差、产品同质化严重等劣势。目前，越来越多的生产企业逐步意识到消费升级不仅是指功能升级、技术升级、材料工艺升级、销售渠道升级，更包括了产品所蕴含的情感升级、品牌升级、文化升级。传统加工企业迫切需要通过融合文创产品设计开发的一般方法，提高其产品的情感张力与文化内涵，进一步细分消费人群，激发消费者购买欲望，实现动能转换与产业升级。

（二）促进生产企业增收

生产加工农副土特产品、手工艺产品等的企业对当地旅游资源的依赖性很强。如果此类产品无法与当地旅游文化资源高度契合、深度对位，或无法实现标准化的产品评价体系与批量化的生产模式，便往往流于普通农副土特产品、传统手工艺产品的销售模式与价格体系，无法有效依托当地的旅游资源，激发旅游者的购买欲望，改善企业的营收状况。因此，这类产品也需要借助现代设计开发思维，对现有产品进行文化赋意、形态重构以及功能升级，进而开发出质优物美、具备当地典型文化特征与情感张力、符合标准化和批量化生产方式的旅游文化产品。

（三）加快产品转型升级

从时代发展的角度观察，文创产品设计之所以日新月异，本质上是将历史文化资源，以当前政治、经济、文化、科技、艺术、伦理的视角进行重新诉说、再次组合，使其既具备传统文化的深厚底蕴，又具备当代文化的时代特征。这是“旧物”再次融入时代、焕发新生机的过程。

文创产品并非今天才有，从事文创产品加工生产的企业早已有之。20世纪五六十年代，全国各地大量涌现出基于对传统手工艺作坊改造的工艺美术厂。它们所生产的产品为国家换取了大量外汇，极大地支援了国家建设。然而目前我国一些工艺美术产品生产企业面临经营不善、人员流失、关停并转的困局。出现这种情况，一方面是由于此类企业没有通过现代企业制度，合理组织管理人、财、物等生产要素；另一方面是由于此类企业对产品款型、传统工艺的传承有余，而对其所蕴含的文化内涵创新不足。久而久之，其产品固有的文化内涵与时代文化特征发生分离，无法引起今天消费者的情感认同与购买需求。因此，使用现代产品设计开发的一般方法对原有文创企业进行整体改造，也是此类企业升级发展的必然要求。

三、文化主体

文化主体包括文化成果的管理者，主要是指文化主管部门；文化成果的存放地，如博物馆、历史遗址公园、文化馆、图书馆、影剧院等；文化成果的产出者，如作家、画家、音乐家、剧作者等。上述主体凭借对文化成果的产出、存放和组织管理，往往对文化成果的具体转化具备优先权，是文创产品设计开发的重要主体。文化主体所推动的文化产品设计开发具有以下主要特征。

（一）文化成果的管理者

各级文化主管部门是文化成果的主要管理者，其主要关注点并不是一时一域的文化资源转化问题，而是对区域文化的典型资源进行高度凝练概括，提纲挈领、以点带面，塑造系统独特的文化典型生态。因此，以文化主管部门主导的文化产品设计开发应重调研、重规划、重资源梳理与平台建设。

（二）文化成果的存放地

博物馆、美术馆、历史遗址公园等单位是历史文化资源的存放地，对其范围内的历史文化成果负有保护修缮、运营管理的责任。随着旅游产业的不断发展，博物馆、历史文化遗址、文化馆等成为重要的旅游目的地。一方面，游客在参观博物馆、历史文化遗址后，往往会产生购买相关文化产品馈赠亲友、固化旅游记忆的现实需求；另一方面，文化成果存放地的运营部门也有将其馆藏文物通过复制、衍生、再设计的方式进行必要开发的责任和对文化成果积极传播、快速转化、商业增值的目的。

（三）文化成果产出者

文化成果产出者包括文化文艺工作者、哲学社会科学工作者等。他们肩负着启迪思想、陶冶情操、温润心灵的重要职责，承担着以文化人、以文育人、以文培元的使命。因此，在进行文化成果产出时，他们要坚定文化自信、把握时代脉搏、坚持以人为本，创造出有文化内涵、情感温度、艺术风骨、符合广大消费者需求的作品。

四、设计主体

成熟的产品设计师在掌握现代设计思维方法的基础上，往往具备丰富的文创产品设计开发经验。设计师的责任就是以创新独特的产品设计开发为手段，服务区域经济发展，满足人们日益增长的物质文化需要，不断优化人们的生活方式。因此，由设计师主导的文创产品设计开发往往具有鲜明的专业学术思维特征与社会责任感，概括起来基本具有以下两个特征。

（一）发现问题、解决问题

由设计师主导的文创产品设计开发项目，其着眼点往往不会像政府、文化主体那样宏观抽象，也不像投资主体、生产企业那样注重经济效益。设计师往往更多针对具体的问题提出具体的设计解决方案。因此，设计师主导文创项目时，需要运用专业的设计视角，根据市场需求和文化背景，创造出具有特色和价值的文创产品。

（二）往往不受各方面因素制约

设计主体主导的文创产品开发，往往不受特定区域经济、文化、加工资源、销售渠道等的评价制约。因此，其观察角度更加客观独立，设计方案更自由洒脱。但也正是因为设计主体较少受当地政府、投融资渠道、加工企业、文化主体、销售渠道的评价制约，也往往会造成很多设计方案无法落地，较难形成现实经济效益的局面。

五、投资主体

目前，在一般民用品的设计开发商业模式中，可以将资本、产品、渠道称为产品开发三要素。三者相辅相成，缺一不可。今天，既有以生产主体整合资本、销售渠道等要素，进行产品设计开发的运作模式；也有以销售渠道去整合其他资源进行产品设计开发的模式；更有以投资主体主导设计项目，整合生产要素与销售渠道的商业开发模式。

投资主体出于资本逐利的需要，往往会对特定环境中发展潜力巨大、成长性良好、盈利能力可预期的产业或行业进行投资，以获得较高的投资收益率。在中国传统农耕社会中，资本往往会涌向农业，近现代则更多涌向工商业。今天，随着人民精神文化需求的不断提高，文创产业已成为资本投入与效益产出最高的产业之一。因此，由投资主体推动文创产品设计开发的内在需求越发强烈，这种开发类型主要具备以下两方面特征。

（一）立足于资本的快速增值

本质上，无论是地方政府、生产企业、文化主体、设计主体还是投资主体等所主导的文创产品开发，其动机都含有经济扩张的特征。但它们各自的出发点又有很大不同。

如果说，地方政府主导的文创产品开发以促进当地产业升级、推动区域整体文化经济的协调发展为首要目的，那么，以企业主导的文创产品设计开发则更关注产品的高文化附加值及高议价能力，以提高企业综合竞争力为目的。文化主体所主导的文创产品设计开发则包含增强文化成果的快速传播与积极转化的重要目的。由设计主体所主导的文创产品开发则是发现问题并解决问题的过程，含有对传统文化传承与创新的社会责任感。但以投资主体所主导的文创产品设计开发，其着眼点与立足点则更多地考虑资本的快速增值。

（二）将文创设计成果作为商品开发

以投资主体所主导的文创产品设计开发是将文化资源视为加工原材料，将文创产品设计开发视为生产加工要素与生产过程，将文创设计成果视为商品，将消费者因情感认同所产生的购买行为视为资本增值的必要手段。因此，单一由资本牵引的文化产品开发有可能出现对文化资源过度开发、使产品过度低端媚俗的现象，所以必须由地方政府、文化主管部门、文化主体予以监管匡正。

第三章　多元视角下的文创产品设计

本章为多元视角下的文创产品设计，分别从融入传统文化的文创产品设计、博物馆的文创产品设计、由 IP 引导的文创产品设计、文旅融合下的文创产品设计四个方面展开了介绍。

第一节　融入传统文化的文创产品设计

一、传统文化元素符号与文创产品设计

（一）传统文化元素符号的应用原则

1. 区域民族性原则

对具有民族地区特色的文创产品进行开发可以促使少数民族文化的继承、传播及发展，可以打破在一定时间、范围内仅为少数民族本土居民所了解和购买的局面和模式，打破时空界限，让更多人了解少数民族地区居民的文创产品。传统文化元素与文创产品相结合，是民族文化由“自用”到“他用”的转变，可以促进文化交流。

2. 认知性原则

从起初的“师法自然”到“和谐共生”等思想，都体现了生命与自然之间的共性，共性的特点贯穿着文创产品的始终。传统文化元素要经过选用、提取、再造、组合等步骤才能应用于文创产品上，这个过程的首要任务是对传统文化元素符号的本身进行认知，对文化内涵进行分辨。

而这个认知关系也构成了功能与形式二者之间的平衡。二者之间的强弱关系也会影响人们对于文创产品的不同审美需求，也造就了如今极致的简约和繁复的奢华这些不同的审美态度并存的局面。

3. 审美及指示原则

（1）指示功能

文创产品在使用传统文化元素符号时一定会传递出一些信息和寓意，而元素

符号之所以可以传递寓意主要是因为它本身就是一个文化符号系统。从某些程度上来看，传统文化元素符号附属于文创产品。设计师在运用传统文化元素时，既要保留元素中原有的寓意，也要用隐喻、象征等手法将文化元素与产品特征联系起来。

（2）审美情感功能

传统文化元素符号在文创产品设计中不仅仅是一种设计元素，更是一种有“意味”的设计方式。这种设计方式在某种程度上满足了受众的心理需求和情感需求，同时也体现了传统文化元素符号中的审美情感和艺术审美功能。在文创产品设计中，设计师通常会根据产品的主题和定位，选择相应的传统文化元素符号进行设计。这些传统文化元素符号可以是具有代表性的图案、符号、图腾等，也可以是具有文化内涵的器物、建筑等。传统文化元素符号蕴含的审美情感和艺术审美功能，能够影响人的情绪，让人产生美的感受。传统文化元素符号通常具有深厚的历史底蕴和文化内涵，是当地人民长期积累和传承的结果。

（二）应用传统文化元素符号面临的问题

1.“文”与“创”的不平衡

目前市场上的文创产品种类众多，表现样式各不相同，便出现了“文”“创”不平衡的现象。有一些文创产品仅仅体现出了“文”的含义，产品设计也集中在“文”这个特点上，过多元素随意堆积、任意排布。这种表现形式看起来很完美，但实际上并没有新意，没有体现出“创”的特性。相应地，单纯和过度使用“创”这一特性也会使产品缺乏内涵。

2.“形”与“意”的不均等

传统文化元素符号的应用在现代设计中具有重要意义。这些符号不仅代表着一种文化传承，更是设计师用来传达文化内涵和产品设计理念的重要工具。然而，如何在应用这些元素的过程中，真正地吸收其“形”，借助产品的外观来恰当地表达其具有的“意”，是一个值得我们深入探讨的问题。这里的“形”并不仅仅指外观造型，更包括这些符号所蕴含的传统文化内涵和历史背景。只有深入理解和研究这些元素背后的故事，才能真正做到“形神兼备”。例如，中国传统的龙、凤、麒麟等元素不仅具有独特的造型美感，更代表一种文化精神和民族情感。在产品设计中，巧妙运用这些元素能够有效提升产品的文化价值和情感共鸣。只注重“形”而忽视“意”，或者对“意”凭空想象、胡乱表达的产品，都是不合理的。这种片面的理解会使产品设计失去其真正的文化内涵和价值。例如，一些文创产品可能只关注了产品的寓意和象征意义，而忽视了其背后的文化内涵和历史背景。这样的设计虽然能在短期内吸引消费者的注意，但长远来看，就会因为缺乏文化支撑而失去活力。在对某一传统文化进行元素提取时，我们应该考虑全面。不仅要理解它背后的“故事”，包括文化禁忌、文化搭配等，还要深入研究其形式和意义，以确定如何恰当地将其融入产品设计中。只有这样，我们才能在保留传统文化内涵的同时，创造出具有现代感和个性化特色的产品。

3. 文化元素的使用过于死板

中国是世界上唯一一个至今仍屹立不倒的文明古国，具有博大精深、源远流长的优秀传统文化，这是文创产品极为重要的资源。设计即创造，需要不断吸收、消化外部一切的灵感来源，将之实现。但部分设计师在文创产品设计上明显缺乏思维的灵活性，对传统文化的理解、分析十分片面，仅仅是单一地在形式上重复传统文化中的元素。这样设计出的产品既表现不出设计师对传统文化的理解与认识，也体现不出独到的民族特色，产品太过单一乏味，给人一种由多种杂乱元素堆砌而成的荒诞之感，只能沦为工艺产品中的低端廉价产品。这样对质量、文化内涵、民族特色都毫无追求的产品，不仅不能促进文创产品市场的进步，反而会在一定程度上影响消费者对文创产品的理解，对文创产品的发展极为不利。

4. 传统文化产品设计缺乏延展性

融入文化创意是提升产品附加价值的有效途径，而设计风格的延展性、可持续性则是产品品牌价值的重要保证。产品的良好发展需要在设计风格上统一。统一的设计风格将是产品品牌的一个重要标签，更便于向大众传递企业的产品信息，更利于在长期发展中树立一个明确的企业产品形象，让广大消费者对产品形成信任，对企业的经济发展有良好的作用。但是由于时代的快速发展，多数企业为了能在短期内尽可能多地博得消费者的眼球，一般会大量生产短期、快速的文创产品，虽然在短期内能风靡一时，但是缺乏品牌延续性和风格延展性的文创产品在热度过后很快就会失去价值，失去传统文化本身源远流长的特点，不利于企业的发展和文创市场的稳定。

（三）传统文化元素符号的应用方式

1. 对传统文化元素符号进行再造

将传统文化元素符号应用于现代产品设计中，是一种具有再造性质的艺术手法。这种再造的方式既体现在精神层面，也体现在物质层面。这种再造的方式既保留了传统文化元素符号的独特性和文化价值，又将它们融入现代设计中，为产品注入了新的活力和创新元素。通过这种方式，我们可以在保护和传承传统文化的同时，创造出具有现代感和个性化特色的产品，提高产品的综合竞争力和市场吸引力。因此，将传统文化元素符号再造应用于现代产品设计中，不仅可以丰富产品的文化内涵和艺术价值，还可以为文化创意产业的发展注入新的活力。

2. 秉持工匠精神

何谓工匠精神？清代文学家纪晓岚曾言："心心在一艺，其艺必工；心心在一职，其职必举。"① 这启示我们：若想把自己所从事的事业做得完美，就得倾尽自己的精力，不气馁、不放弃，才能超越梦想、成就辉煌。工匠精神渗透在生活与生产及设计中的每一个环节，并且形成了所独有的文化及精神内涵。而在文创产品设计中，工匠精神的呈现在于对文创产品外观设计的精益求精，在于对传统文化元素符号提取后的精雕细琢。每个时代都有独特的追求，但工匠精神的"精益求精、精雕细琢"的理念是不变的。

二、基于中国传统文化的文创产品设计思路

（一）传统文化元素的合理运用

传统文化是一个民族的文化特质，是一个民族普遍认知且独特存在的标志。将传统文化作为元素融入文创产品，不但有利于文创产品的创新、中国传统文化的延续，而且能在精神上加强人民的民族自豪感，是十分良性的拓展因素。因此，在文创产品中加入我国传统文化元素是文创产品发展的必然方向，是必不可少的一项，也是在新时代下继续传承我国优秀传统文化的重要途径。但是，文创产品的文化传承并非一味地复制、重复过去的历史，而是应该在传统文化中取其精华，将其整合拓展，使其成为一个独特的元素符号，在代表文化的同时，也向其中加入新时代下设计师对文化的新一层次理解。这不但能反映出我国人民的精神特点，而且有利于人们思想的进步，而非沉浸于过去停滞不前，对文化的发展是十分有利的。善用地域文化也是十分重要的一点，在同一设计风格下灵活地将各地域传统文化的元素变换融合，所产生的实际效果也绝非单纯相加那么简单。

（二）传统文化的抽象意境融合

中国的哲学思想一直都是世界上影响力最大的思想之一。"无极""天人合一"等都是我国极具代表性的抽象哲学，也是我国传统文化意象的杰出体现，更是创

① 周锦云．博采各家所长　让瓯塑成为文化使者[J]．中华手工，2018（6）：118．

作者历来加以采用的精华。设计师将这些带有丰富的抽象哲学的文化元素融入产品中，可以创造出更具民族特色的文创产品，与此同时，善用这些哲学元素将使产品本身就带上哲学的气息，使其文化的附加价值更胜一筹。而这些自古就深入我国民众心中的哲学思想，也能使消费者更加容易接受文化产品所传递的信息。

（三）将传统文化情感融入生活实际

艺术源于生活而高于生活。设计本质上也来源于生活，因此也一定要融入生活，不能跟生活接轨的设计其价值很难得到体现。而设计的灵感多数来源于生活中的每一处细节，如同牛顿因一个苹果而发现万有引力那样，设计的灵感也往往源自某个不经意的细节。设计师要保证思维的与时俱进，结合大众当下的心理状况、审美需求，设计出更多带有传统文化气息的文创产品，将自身的情感融入产品之中，尽可能多地使广大消费者产生共鸣。越是源自细节的设计，越容易走进消费者的内心，越能受到消费者的青睐。

社会的发展是必然的，文创产品也要时刻紧跟社会前进的脚步，不断创新设计理念，转变设计方法，更多地将传统文化融会贯通，结合大众的行为特点、审美需求及功能需求，设计出更多带有鲜明民族特色的文创产品，满足大众生活需求的同时，也最大限度地满足大众的精神层次的需求，促进中国传统文化的传承与发展。

第二节　博物馆的文创产品设计

随着文创产业的发展与文创产品的热销，很多博物馆也开始了以馆藏文物为设计元素的文创产品开发工作。但是，一些设计者在设计的过程中并没有很好地解读文物，也没有充分了解其文化内涵，只是将各种元素简单地拼接。这样的设计非但不能传播文化，还可能导致民众对相关历史文化产生误解。

当然，如果设计师仅将源于文化内容的原始图形“原汁原味”地应用在载体上，那就谈不上是创意设计。此外，应用的载体也不能脱离消费者的日常生活，否则就会影响文化传播的效果。所以，文创产品设计师不但要提升自己的文化解读能力和转化能力，避免让设计只停留在文化的表层认识上，还要了解市场、了解各个层级消费群体的多元化购买诉求。

从全国范围来看，一些博物馆文创产品的火爆还只是“个别现象”，仍有一些国内博物馆的文创产品还停留在钥匙扣、书签、抱枕等纪念品销售的初级阶段，并且同质化严重。

文创产品的设计核心是创意，缺乏创意的设计是无法吸引消费者的。文创产品的基础是文化，只将馆藏文物中的文化元素“贴”在钥匙扣、书签、抱枕等载体上是无法准确传达文化内涵的。

一件好的博物馆文创产品究竟是怎样的？有专家认为，在未来，博物馆将成为公共创意的中心，而博物馆文创产业将会是一种针对博物馆的人文体验，通过优秀的博物馆文创产品可以将博物馆的记忆长久储存。可以说，我国的博物馆文创行业还处在初级阶段，但也意味着其前景十分广阔。

一、故宫博物院文创

说起故宫博物院文创，不得不提到 2013 年中国台北故宫博物院曾推出的爆款产品——“朕知道了”纸胶带（图 3–2–1）。该产品以康熙朱批“朕知道了”为文化元素，以纸胶带为载体。如此简单的产品既没有特殊的造型，也没有新奇的功能，仅因为有趣就受到网友的喜爱。也许这件衍生品的走红与当时清宫戏的热播不无关联，也证明了“让产品具有故事性”是文创产品有别于旅游纪念品的一个重要因素，也是吸引游客以外的消费群体的重要因素。

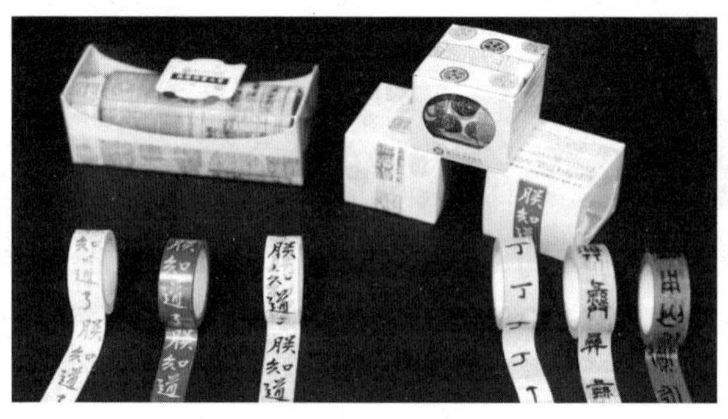

图 3–2–1 “朕知道了”纸胶带

“朕知道了”纸胶带上的字样来自清朝皇帝康熙批阅奏折时的手书真迹。在这款产品背后有着这样一个故事：康熙四十九年十一月三日，江宁织造曹寅给康熙上了一道谢恩的奏折，感谢康熙对自己病情的关心。之后康熙在此道奏折上写道：“知道了。惟疥不宜服药，倘毒入内，后来恐成大麻风症。出海水之外，千方不能治。小心，小心！土茯苓可以代茶，常常吃去亦好。”①

① 陆翔. 名人名医与中医[M]. 北京：中国中医药出版社，2016.

这个久远的故事，因为一个小物品得以重现，设计者的初衷也是希望古文物、字画上的图案、符号能以更有趣的方式存在于生活里。表现有趣性无疑是文化传播最为有效的途径之一。

故宫博物院的“萌萌哒”系列文创产品（图 3-2-2）在全国博物馆文创产品中的受欢迎程度非常高。它的背后是长达 5 年的探索与尝试。“帝后”书签、“奉旨出差”行李牌等一系列具有宫廷文化气息、好玩、实用、迎合市场的文创产品受到了网友喜爱，给文创商店带来了可观的销量。

图 3-2-2 “萌萌哒”系列文创产品

（一）故宫博物院文创产品开发原则

故宫博物院文创产品的走红在一定程度上也和清宫戏的频频热播有关，再加上产品的创意性和实用性都尚佳，走红也就成了水到渠成的事情。尽管清宫戏的热播让消费者内心先有了和产品关联的故事梗概，进而喜欢上产品，但是如果文创产品本身不能和故事融合得天衣无缝，不能真正表达中国传统文化的精髓，也未必能让消费者认可。

2013 年，故宫博物院对围绕故宫开发的文创产品提出了“三要素”原则，即元素性、故事性、传承性。元素性代表着文化本身，故事性代表着文化表达方式的多样性，传承性代表着文创产品被设计的目的。所以，设计趣味文化不是目的，而是一种创意手段，通过这种方式借由故事带来的流量，实现有效的文化表达和传承。

尤其要注意的是，这种趣味文化应是健康、积极向上的，这也是博物馆文创产品设计的原则之一。各类消费群体对文化的需求程度不一样，如有对历史文化信息的准确性要求较高的，也有只喜欢有趣产品的。但若设计者只注重有趣性，长此以往，就会背离文创产品设计的初衷。博物馆作为优秀传统文化的传播空间，其很重要的一个功能就在于提升公众的审美力及其对文化的深层认知。

（二）故宫博物院文创产品节目设计

2018 年开播的热门综艺节目《上新了·故宫》中很好地分析了故宫博物院文创产品的设计过程：有原汁原味的元素的选取，有故事真实性的考证，有文化传承最好载体的斟酌。它为受众普及了蕴含在产品之中的文化元素和历史故事。

首期节目中，“故宫文创新品开发员”在故宫专家和专业设计师的陪同下，历经一天的发掘，推出了由三件单品组合成的“美什件”系列文创产品。

产品的设计从乾隆皇帝喜爱戏曲的故事开始，挖掘故事背后的众多文化元素。首先是倦勤斋的建筑特色。通过倦勤斋内的家具与门窗上的竹子图案以及双面绣等精美的传统工艺，可以感受到在建造倦勤斋的时候，乾隆对江南有多痴迷。然后是“什件”这个文化元素。所谓什件是古时贵族女子的潮流物件，古代女子会将随身小物件串联在一起佩戴在身上。什件最早可追溯到辽代陈国公主墓出土的玉佩饰。该佩饰由六件饰物串联在一起，分别是玉制的剪、筋、锉、刀、锥、勺。最后，设计师将密藏在乾隆花园倦勤斋中的江南元素——通景画中的紫藤雀鸟、金丝楠木仿斑竹的竹形、双面绣上寓意吉祥如意的云纹，以及什件等文化元素进行融合，以彩妆产品作为载体完成了“美什件”三件套的设计。

第二期节目中的文创产品是以吉祥文化为主打的“畅心睡眠”系列睡衣，这次文化元素主角从倦勤斋和什件换成了畅音阁（图 3-2-3）和戏服。

图 3-2-3　畅音阁

该产品的设计从看戏这项皇宫中主要的娱乐活动开始。每逢各种节日，如元旦、立春、上元、端午、七夕、中秋、重阳、冬至、除夕等，皇亲国戚都会在宫中看戏。畅音阁是紫禁城中最大的一座戏台，内有上、中、下三层戏台，上层称“福台”，中层称“禄台”，下层称“寿台”。在此演出的戏曲大多是表现歌舞升平的吉祥神仙戏。整座戏台都透着吉祥气息，包括其内部的装饰和彩绘，天花板上的仙鹤、蝙蝠等纹样。

第三期节目中的文创产品是日晷计时器，这是由一个“学霸”的故事开启的设计。故事的主角是康熙，他的勤勉好学令其洋人老师惊叹：“从未见过如此认真、聪明而且勤奋的人。”他亲自炼制西药、大胆研究解剖学等行为，让后人看到了他对自然科学的尊重与热爱，这种勤勉好学的优秀品德便是第一个文化元素。第二个文化元素是故宫太和殿前的赤道式日晷（图 3–2–4）。日晷本义是指太阳的影子，后来成为古人的一种计时仪器。前后两个文化元素都有着珍惜时光的内涵。设计师将日晷和日历相结合，将西洋的时钟与东方的日晷进行有效的碰撞与结合，以朝阳、晴空、星夜的颜色染于日历之上，创作出了“日出而作”日晷计时器，意指严谨的求学精神，也提醒着人们要珍惜时间。

图 3–2–4　故宫太和殿前的赤道式日晷

第五期节目讲述了紫禁城中一位传奇母亲的故事。故事的关键人物是孝庄太后、顺治帝、董鄂妃；故事的关键线索有废后、《罪己诏》；故事的关键地点是保和殿；故事的关键物品为顺治帝的马鞍。这些关键点连起来就是一个复杂而漫长的故事，从孝庄太后因为顺治帝的婚姻问题而诱发的母子之间的矛盾，引出了一段顺治帝与董鄂妃的感情故事。

由于可以从中提取的文化元素不是那么明显和直接，于是设计师提炼了故事的内容，选择其情景并定格在整套“紫禁 · 薰”香薰蜡烛系列产品之上，用盲盒的形式将其分为一组六个、四个或两个香薰蜡烛杯（图 3–2–5），揭开每组和故事主角相关的漫画，就会解锁不同的香薰气味。卡通化的历史人物、盲盒的打开方式，该产品以有趣的形式让更多的年轻人喜爱传统文化。

图 3–2–5 “紫禁·薰”香薰蜡烛杯

第七期节目的文创产品是和乾隆最宠爱的十公主有关的一个故事。设计师从十公主短暂的一生中提取各种有趣的文化元素，如特殊封号、投壶、十力弓、漱芳斋、蒙古象棋、抓周等，以故宫全景为游戏地图，融入小朋友喜爱的游戏棋之中。整套游戏棋的玩法类似大富翁游戏棋，玩家通过游戏棋能够大致了解十公主的一生。同时，这个游戏棋也是一款亲子游戏棋，产品十分契合乾隆宠爱十公主、陪她一起玩耍的这个故事。

虽然像《上新了·故宫》这种先讲故事再设计产品的呈现方式不能应用于所有产品上，但是依旧可以在故宫的文创商店内发现不少一眼就能透过产品本身看到背后的文化元素以及故事的产品。

如图 3–2–6 所示的一款百蝶流苏手拿包。设计师从清宫旧藏“百蝶纹女袷褂襕”中选取了平金绣的蝴蝶元素，将其融入手拿包中。通过它，消费者可以了解到清宫女子的服装纹样。

图 3–2–6 百蝶流苏手拿包

在众多的故宫文创产品中，还有一些特殊的产品，很难把它们归到特定的种类中，也很难界定它们的作用。例如，《谜宫·如意琳琅图籍》（图 3–2–7）。故宫给它的属性是“创意互动解谜书”，单从外观上看，它就像一本普通的书籍，但又不是传统意义上的只通过阅读获得知识的书籍，而是以文字阅读体验为基础，借助手机实现互动的解谜游戏书。

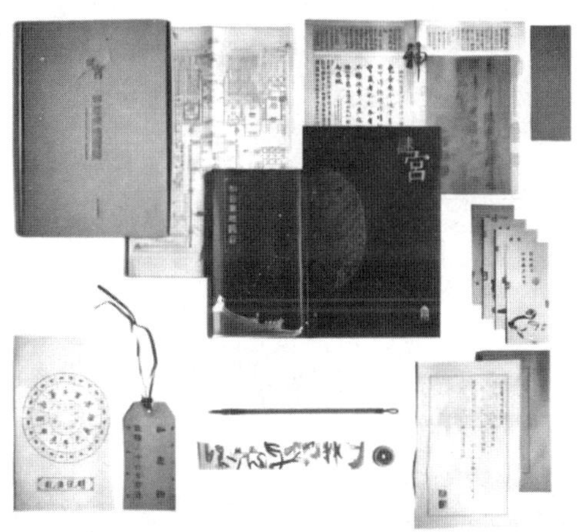

图 3–2–7 《谜宫·如意琳琅图籍》实体书及线索道具

借助实体书、手机和配套的线索道具，作为玩家的阅读者通过书中的 30 多个环环相扣的谜题任务，不仅可以了解到故宫的故事，还能左右剧情决定主人公的命运。翻开泛黄的书页，手绘的紫禁城地图、密语撰写的字条、仿制乾隆年间的铜钱，以及毛笔、书签、剪纸……这些神秘的道具让人仿佛置身偌大的紫禁城，化身为侦探，开启揭秘之旅。

讲好故事的最终目的还是传达文化、传承文化。从上述各类文创产品中可以看到，故宫在研发文创产品时会从不同年龄、不同消费能力群体的差异中找到对应的文化需求，让文创产品的消费档次和风格都有所区分。既有纸胶带、鼠标垫这类价格不高的生活用品类文创，也有陶瓷器皿、真丝衣饰这种极有中国特色、价格偏高的文创产品，还有日晷计时器和《谜宫·如意琳琅图籍》这类值得故宫文化爱好者收藏的产品。

换而言之，只有被消费者购买才能实现传达文化、传承文化的目的。故宫的文创产品多是生活中用得到、最实用的产品，大部分是普通消费者承受得了的，以此实现文化消费走进大众生活的目的。当人们家中摆放的日用品都是有故事、有文化内涵的产品时，当人们可以向客人讲述家中这些文创产品的文化寓意和故事时，博物馆的这些衍生文创产品也就有了空间延伸和价值提升的意义。

二、苏州博物馆文创

与故宫博物院从建筑到文创产品都是满满的宫廷气息不同，苏州博物馆（图3-2-8）从建筑到文创产品则处处透露出两个字——文艺。百年来，明清两代苏州文人所创造的以“精细秀雅”为特色的苏州文化渗透进苏州的方方面面，也吸引着众多游客。苏州博物馆亦是以文雅为主打风格。

图 3-2-8　苏州博物馆

苏州博物馆紧临四大名园之一的拙政园，馆内一部分还是太平天国忠王府的遗存，向南步行五分钟就是狮子林。著名建筑师贝聿铭的设计让苏州博物馆建筑成为其文创产品的设计元素之一，开创了国内博物馆以自身建筑为亮点的先河，并衍生出了一系列文创产品。图 3-2-9 所示的夜光书签就是以苏州博物馆建筑为创意元素设计的。

图 3-2-9　苏州博物馆建筑夜光书签

很多博物馆都会以镇馆之宝为文化元素来进行文创产品的开发。提起中国台北故宫博物院，人们会立刻想到翠玉白菜、东坡肉形石、毛公鼎这三大镇馆之宝。图 3-2-10 所示的文创产品就是以翠玉白菜为文化元素所设计的胸针和挂坠。

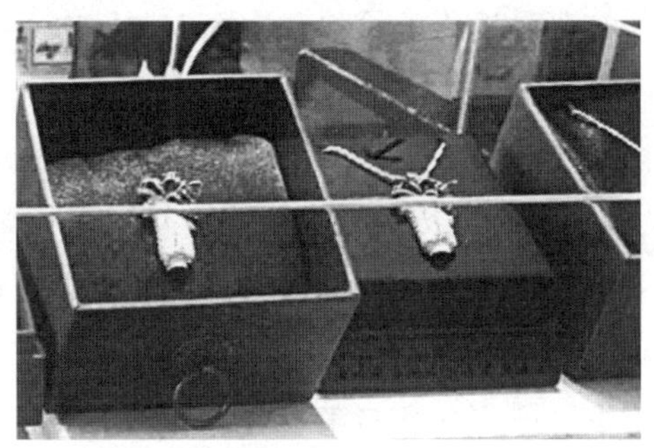

图 3-2-10　翠玉白菜衍生的文创产品

在苏州博物馆文创产品中很受参观者欢迎的一款是由其镇馆之宝秘色瓷莲花碗衍生出的秘色瓷莲花碗抹茶曲奇（图 3-2-11）。

图 3-2-11　秘色瓷莲花碗抹茶曲奇

在这件文物背后有着与秘色瓷和莲花两个文化元素相关的故事。秘色瓷莲花碗是一件越窑秘色瓷中的代表作，称得上是秘色瓷中的稀世作品，也是苏州博物馆三件国宝文物之一。秘色瓷烧制于唐、五代和北宋初期，其技术难度较大。五代时吴越王钱氏建国，在浙江上林湖置官监窑烧制青瓷，并将其列为宫廷供品，庶臣不能使用。秘色瓷莲花碗整个器皿以莲花为造型，由碗和盏托两部分组成，釉层厚且通体一致、光洁如玉，如宁静的湖水一般清澈碧绿，恰似一朵盛开的莲花。莲花历来被人们赋予出淤泥而不染的君子美德。随着佛教的传入，莲花又被赋予了更多的内涵，并成为佛教艺术的主要题材之一。这件秘色瓷莲花碗不仅是一件精美的瓷器，同时也是一件境界极高的艺术品，艺术与佛法被完美地融入其中。

秘色瓷莲花碗抹茶曲奇之所以被众人所喜爱，除了借鉴的文物本身是苏州博物馆的镇馆之宝，还与其平易近人的价格和中国人“民以食为天”的信条不无关系。食品也是文创设计中的一个非常接地气的产品载体。

仔细观察苏州博物馆中的众多文创产品，大多是和地域紧密结合、围绕着“吴门四家”创作的。“吴门四家”也称明四家，分别是沈周、文徵明、唐寅和仇英，这也是苏州文化的重要名片。四人的作品对后世影响极大，也为文创产品设计提供了非常丰富、直观的视觉素材。

如果说乾隆的“带货”能力在故宫是排第一位的，那么唐寅的“带货”能力在苏州博物馆就是独一无二的。在明四家中大家最为熟悉的可能就是唐寅了，虽然他的画作不是人人都欣赏过的，但是“唐伯虎点秋香”的故事大家都耳熟能详。所以，以唐寅为文化元素开发的文创产品的品类虽不算十分特别，多是些较为常见的明信片、笔记本、手机壳、书签、文件夹等，却也自成特色、十分实用，颇受消费者的喜爱。

也许是因为苏州本身就是一座文艺的城市，苏州博物馆的文创产品只要和苏州的文化元素一结合就立刻变得文艺起来了。无论是沈周玉兰缂丝真皮钱包，还是明四家彩墨限量珍藏套装墨水，或是文徵明特展中的衡山杯，都能使消费者从中感受到浓郁的文艺气息。虽然载体本身都是非常实用的产品，但是往往只在特定场景下才会用到。如沈周玉兰缂丝真皮钱包，钱包本身是实用的东西，但是缂丝的金贵让人们用起来总是小心翼翼的。又如，图 3-2-12 所示的明四家彩墨限量珍藏套装墨水，光是四色不同的墨水名称就雅致、文艺到了极点，产品具有染料墨水的渐变与流丽，配上唐寅的桃花一梦信笺，仿佛自己也成了桃花树下的桃花仙。

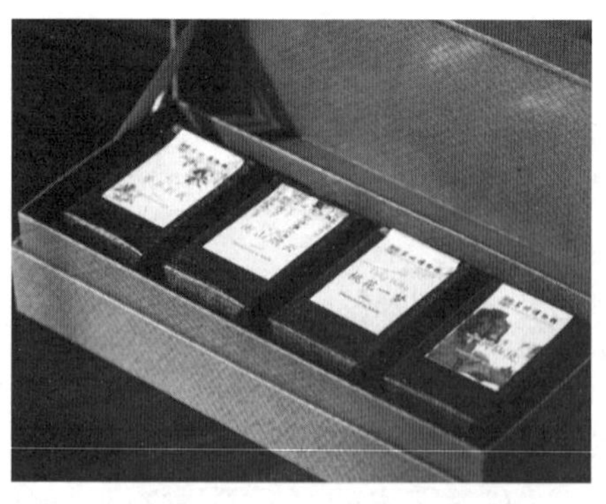

图 3-2-12　明四家彩墨限量珍藏套装墨水

苏州博物馆销售过的最文艺、最令人意想不到的产品就是文衡山先生手植紫藤的种子（图 3–2–13）。售卖的紫藤种子源自苏州博物馆内一棵由文徵明亲自栽种、有近 500 年历史的紫藤树，这是其他博物馆无法模仿的独一无二的产品。

图 3–2–13　文徵明手植紫藤树的种子

每年这棵紫藤树会结出约 5000 颗种子，苏州博物馆会从中挑出 3000 颗作为文创产品售卖。该文创产品一盒 3 颗种子，每盒 25 元，每年限量 1000 份，往往在预售时便被一抢而空。文徵明作为明代画坛的领军人物，赋予这棵百年古树不一样的情怀，其种子因此便有了一种苏州文脉延续和象征的寓意。消费者通过这颗种子会产生一种思接千古的感觉，仿佛穿越回《姑苏繁华图》中的那个姑苏。

2019 年初，苏州博物馆与天猫新文创跨界合作了“唐伯虎春日现代游”，利用苏州博物馆的建筑外观及四大才子的人物形象，以春游穿越之旅为主题，设计出以 2019 年春茶为主打的产品。它以桃花流水之间、穿越时空之间、诗情画意之间、山水画卷之间四大主题，衍生出 10 款不同类别的产品。同时，苏州博物馆还精心策划了一场为期 6 天的“明代才子茶派对”，不仅有产品的体验还有场景的体验。所以说，文创产品并不一定是有形的，还能以“有形 + 无形”的方式存在。

在苏州博物馆众多的以茶为主题的文创产品中有一款既价格亲民，又十分雅致有趣的茶包——唐寅茶包（图 3–2–14）。茶包上的唐寅成了一个潇洒风流中有一点呆萌的江南文人，似乎和周星驰的影片《唐伯虎点秋香》里的形象重合了。在影片中，唐寅有这样一句台词：“别人笑我太疯癫，我笑他人看不穿。”这似乎就是众人想象中唐寅的样子。

图 3-2-14　唐寅茶包

唐寅和他的朋友祝枝山、文徵明、徐祯卿同为江南四大才子，都很喜欢喝茶，并留下了不少关于茶的“茶画”和“茶字”，其中尤以唐寅的《事茗图》和文徵明的《惠山茶会图》最为出名。唐寅在《事茗图》中的题诗彰显了“文人茶”的境界:“日长何所事，茗碗自赍持。”[①] 茶不仅是一种饮品，更是一种生活方式。苏州博物馆以一种文艺的方式，并随礼盒附赠《唐伯虎小传》，让消费者再次跨越时空感受“文人雅集，醉卧风流”之趣。

第三节　由 IP 引导的文创产品设计

如果说，把传统文化和博物馆文物主导的文创产品比作一部电影，那么基于某个文化主题打造的文化 IP 就相当于由很多以此为主线的故事组成的连续剧，其中 IP 就是这个连续剧中的主要角色。换言之，IP 展现的是一个更大、更连贯的故事世界。

现今，很多文创产品开始运用或构建 IP 来延长有关产品的使用周期。文创产品正身处于“一切皆 IP”的时代。这种现象受益于自媒体的迅速普及，再加上人们越来越多地利用自媒体来分享自己的故事。网络剧、畅销书、网红等都有 IP 的出现，博物馆也开始打造属于自己的 IP。

例如，故宫博物院就打造了故宫猫等热门 IP。设计师以故宫猫为 IP 设计出了一系列灵动、可爱的文创产品。身穿皇帝衣服或宫廷侍卫服装、眼神“萌萌”

① 张哲永，陈金林，顾炳权. 中国茶酒辞典 [M]. 长沙：湖南出版社，1991.

的形象被广泛用于抱枕、水杯、手机壳、冰箱贴等日常用品之中，并且它还延伸到了其他业态，如大电影、美术绘本等。图 3-3-1 所示的文创产品就是以故宫猫为设计元素设计的冰箱贴。

图 3-3-1　故宫猫冰箱贴文创产品

一、从 IP 到文化 IP

IP 原意为知识产权，其全称为“Intellectual Property”。如今，它被重新定义为文化间的连接与融合，是具有强烈的辨识度、自带“流量”以及强大的表现与渗透能力的文化符号。文化 IP 指的是具有长期变现潜力的文化象征。因而，文化 IP 也扩展到了包括传统文化在内的其他领域，而不仅限于最初的文学、动漫和影视作品。

除了故宫博物院，其他博物馆也在积极寻求创新、推陈出新，开发特色鲜明的文化品牌。如苏州博物馆推出了“吴门四家”主题 IP，陕西历史博物馆推出了“唐妞”等 IP 品牌，敦煌研究院则着重推广“飞天”等文化 IP。

再比如，阿狸表情包和故宫宫廷娃娃也都可以包含在文化 IP 的范畴之内。文化 IP 的核心仍然是文化内容，每个 IP 都通过重组、整合、创造高质量的原创内容或文化元素吸引了一批忠实的粉丝。随着原创文化 IP 在影视、游戏、文化等领域的不断繁荣，其粉丝群体也在迅速增长，并进一步增强着原始文化 IP 的影响力。

二、文化依旧是基础

IP 这个词刚出现的时候，有些人认为 IP 仅是一部小说、一部电影或一个产品，其实这些只是 IP 的输出方式。IP 自带“流量”，是以具象化形象为载体的感情寄托。不同国家的文化各不相同，因此流行的文化 IP 也会不同。

IP 形象只是外在的形式，IP 本身包含的文化内容中的故事与元素才是基础。

高蛾眉、面如满月、体态丰满、宽袖长裙，漫画人物唐妞一出现，就迅速获得了人们的喜爱。与其说人们喜爱她的外在形象，不如说人们喜欢的是以中华传统文化为魂、以唐朝侍女俑为原型打造的原创 IP 形象。如图 3-3-2 所示的产品就是以唐妞这一原创 IP 形象衍生出的各类文创产品。

图 3-3-2 唐妞形象衍生出的文创产品

在 2019 年青岛国际版权交易会蓝谷 IP 国际高峰论坛上，唐妞的创作者介绍道，唐妞的出现始于讲好唐文化故事的目的，从陕西历史博物馆收藏的文物中选定了唐朝的侍女俑，从中提炼元素，设计出了可爱的漫画形象唐妞，同时也保留中国传统国画的特色。现在，唐妞已成为陕西历史博物馆的形象代言人之一。

支撑唐妞这个 IP 形象的是唐文化，从 2019 年展现盛唐风光的影视剧的热播，就可以看出人们更在乎影视剧背后真实的历史故事和文化。该剧带人们走进了唐玄宗治下最繁荣昌盛的时期，剧中的事件环环相扣、步步惊心。而唐妞同样是有着深厚历史文化背景、融合西安十三朝古都历史文化底蕴的一个原创且独特的卡通人物，以历史情感为切入点吸引消费者。如果说唐妞 IP 所衍生出的一系列文创产品是一个个小故事，那后续的《唐妞说丝路日记》《唐妞说长安》《唐妞说日常漫画》《唐妞说二十四节气》《唐妞说百家唐诗》就是以唐妞这一形象为故事主角开启的一系列精彩大片。可以看到这一系列的文化内容都是围绕着与唐文化相关的元素展开的，这也是唐妞 IP 衍生出的所有文创产品的基础。

同样是人物 IP 形象，体态俏丽、持乐歌舞、翱翔天空的敦煌飞天 IP 形象所象征的则是向往自由、勇于探索、超越自然，以及一种积极向上的美学基调。此外，飞天还包含佛教因素并蕴含“天人合一、和谐发展”的哲学思想。由其衍生出的文创产品中最吸引消费者的是其蕴含的独特美学元素。如图 3-3-3 所示的文创产品是“‘一带一路’画敦煌”系列涂色书，全书共四册，以敦煌飞天为主题，内附半透明硫酸纸和罕见壁画影像。书的左页是真迹影像，可以用临拓古法描摹壁画，也可以在右页对应的黑白线稿上涂色。

图 3-3-3 “‘一带一路’画敦煌”系列涂色书

秦始皇陵兵马俑被誉为世界第八大奇迹和 20 世纪考古史上的伟大发现之一，并被列入了《世界遗产名录》。说起秦朝，很容易让人联想到“强大”二字，历经商鞅变法后的秦国拥有了强大的经济实力，远交近攻的战略加上良臣杰士，以及一路所向披靡的秦国军队。这些无疑都是秦始皇兵马俑博物馆值得打造的 IP 形象，其中秦俑 IP 象征的是拥有钢铁般意志的铁血战士。

坚韧砥砺的秦人秦国与冷暖相伴的大秦精神组成了真正的大秦帝国。这种精神延续千年而不朽，在新时代里，依然指引着前进的道路，这也是秦俑 IP 吸引消费者的主要原因。如图 3-3-4 所示的产品就是由秦俑 IP 衍生的文创产品——文件夹袋。

图 3-3-4　秦俑 IP 衍生的文创产品——文件夹袋

上海博物馆主打的IP是董其昌，其衍生出的文创产品主要是和书画有关的文具用品，这也是“董其昌”这个IP的文化来源。董其昌，松江华亭（今上海市）人，是明朝后期大臣，著名书画家，擅画山水，为华亭画派的杰出代表，其画作及画论对明末清初画坛影响甚大。以董其昌的书法作品和画作局部图为元素制作而成的文创产品，无论是复古风纸胶带，还是真丝材质的围巾，都力求表达出一种“妙在能合，神在能离”的境界。相较于各大综合类博物馆丰富的馆藏品，主题博物馆的IP内容就比较单一，甚至其中一些博物馆对于自身的文化内容还没有进行相应文化IP内容的重构。

桃花坞原是苏州的一处地名，位于曹雪芹笔下的风流富贵之地——阊门内北城下，因桃花坞木刻年画曾集中在这一带生产而得名，与天津杨柳青木刻年画有“南桃北杨”之称。现在的桃花坞木刻年画博物馆依旧坐落在桃花坞，具体位置在市级文保单位朴园里。年画对于中国人来说有着浓浓的吉祥意味，桃花坞木刻年画中的桃花更是为这份吉祥添足了分量，因为桃文化在中国传统文化中充满了吉祥的寓意，民间百姓认为它可以纳福避灾。该博物馆内也栽种了许多桃树，博物馆内小径上有鹅卵石铺就的“福寿双全”，花园里有“和合二仙”石，此外，博物馆还在特定的场景内对年画的贴法进行了展示。贴在商店里的是“招财进宝”“开市大吉”，寓意财源广进；贴在客厅里的是“三星高照”“八仙过海”，寓意高朋满座；贴在卧室里的是“花开富贵”“早生贵子”，寓意夫妻之间和和美美。

有些人认为年画只在春节使用，作为寓意吉祥如意的图案而出现。因此，真正了解它们的人少之又少。例如，极少有人知道门神其实有三对组合，而且他们的故事生动有趣，又充满祝福的意味，完全可以衍生出众多可日常使用的文创产品。可惜的是，它们被设计师忽略了。虽然它们依旧以原汁原味的年画图案在每年春节准时“出镜”，但是，谁说年画和年画里的角色不能在日常生活中出现呢？

虽然神像图腾、戏文故事、民间传说、吉祥喜庆、风土人情、仕女儿童、花卉鸟兽等均能入画，也可衍生有趣的文创产品，但一定要保持原先鲜艳夺目的色彩、丰满均衡的构图、明快简洁的线条与质朴生动的形象，这些都是基础。如果要像其他博物馆一样选一个最值得打造的IP形象，桃花坞木刻年画博物馆首选的就是“一团和气”。

宋代朱熹《伊洛渊源录》卷三引《上蔡语录》：“明道终日坐，如泥塑人，然接人浑是一团和气。”明代成化皇帝朱见深为强调皇室团结，以免萧墙之祸，特绘“一团和气”作为号召。在表现和蔼可亲之外又添进了“团结一致，和睦相处”的含义，这也是桃花坞年画“一团和气”的精髓。如图3-3-5所示的“一团和气”

年画，其图案中央是一个笑盈盈的老人，她看起来慈祥和蔼、喜气洋洋的。她穿戴着花纹繁复的服饰，手里拿着“一团和气”的卷轴。整体形象充盈着幸福祥和的感觉。整个图案呈圆形，象征团结美满，体现着人们期盼家庭美满幸福、一切顺遂、吉祥如意的美好愿景。“一团和气”是桃花坞年画中一幅影响极深、流传很广的传统佳作，也是桃花坞木刻年画的经典题材。

图 3-3-5 “一团和气”年画

博物馆的 IP 可以比较容易地借助博物馆自身的“流量”招募到众多粉丝，在中国传统文化中也有众多内容值得并且可以进行转化。然而目前国内一些非博物馆原创、与中国传统文化相关的热门 IP 还是以影视剧为主。

众多古装、仙侠影视剧让更多人喜爱上了古风文化，渐渐形成各种古风主题的文化 IP。关于“古风”一词，在中国古籍中是指在当时社会已经逐渐衰弱或者濒临消失的某种风俗习惯，该词在《论语》中指前朝礼乐制度背后的风俗习惯和精神风骨。由此可见，对古风文化的追求在古代社会便有，表现的是某一历史时期人们对前朝社会文化和思想的怀念与传承。2005 年，由古风音乐逐渐发展的文化运动悄然萌生。随着古风文化的兴起与不断扩大以及后来仙侠小说的风靡，由此改编的影视剧被大众广泛接受，这一系列的发展促使古风文化的影响范围越来越广。古风文化的内容非常广泛，它主要是指以弘扬中国传统文化为基调，以传承中华民族精神为支撑，以音乐、小说、诗歌、服饰、绘本、影视剧、广播剧等为表现形式，结合传统艺术、文学、语言、色彩等诸多中国元素，不断磨合发展而来的一种表现中国传统文化的文化形式。

这些影视剧吸引的是喜爱仙侠剧 IP 的消费群体，他们爱屋及乌地喜欢上了影视剧中的各种仙气飘飘的服装与造型独特的首饰，很多消费者也因此去拍摄了属于自己的古风写真。图 3–3–6 中的饰品就是在网购平台热销的影视剧同款铃铛。

图 3–3–6　影视剧同款铃铛

如今，懂咖啡之艺者众多，通晓茶道者甚少。例如，某一展现宋代风土人情的电视剧就将人们带入了词意浓浓的宋朝，上了一堂中国传统文化普及课。在这堂课中，通过点茶对茶道文化进行了简单的普及。点茶的过程非常复杂，先要将茶饼捣碎，过筛后只留下茶粉。当然在捣茶的同时不要忘记烧水，因为捣好茶后就要把烧好的水倒在茶碗里，摇一摇再倒掉，这个过程就是温盏。之后加入茶粉和水，用茶筅去搅拌。除此之外，还有投壶、马球、插花、焚香，甚至曲水流觞、即兴赋诗等社交活动，这些行为文化也让观众感受到了中国精致的传统物质文化。古装电视剧中的中国传统文化元素非常多，是进行文创产品设计的巨大资源库。

三、创意仍然是核心

靠着电视剧同款诞生的文创产品终究是少了几分创意，并且产品也受到了道具设计之初所蕴含的文化内容准确性的影响。有一些文化内容和内涵已不符合当今潮流，因而需对其进行重新解读和创意表达。

中国国家博物馆（以下简称国博）可以说是中华文化的祠堂和古庙，馆内收藏了 140 万余件藏品，独家藏品有人面鱼纹陶盆、大盂鼎、后母戊鼎、鹳鱼石斧图彩陶缸等，充分展现和见证了中华文明的灿烂辉煌与血脉绵延。国博针对这些珍贵的藏品进行深度挖掘，二次开发藏品的文化内容，使文创产品成为博物馆展览功能与教育功能的衍生品。如图 3–3–7 所示的产品就是国博文创商店内的文创产品。

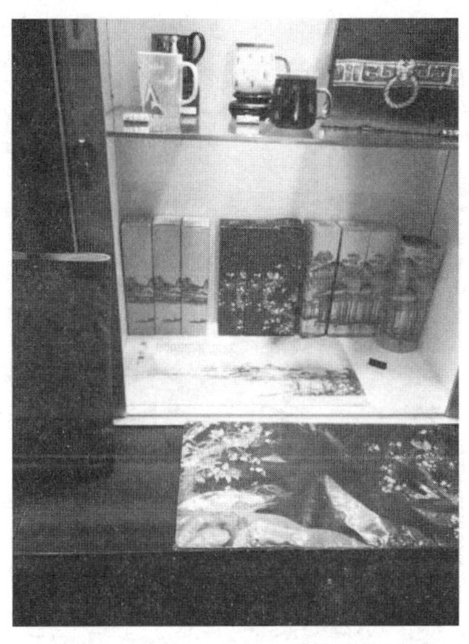

图 3–3–7　国博文创商店内的文创产品

国博可以开发的 IP 内容非常多，为了让文化内容迅速走入人们的日常生活，国博选择了 IP 授权合作的方式，馆内的众多陶器、青铜器、瓷器、书画以及基于藏品二次开发的 IP 资源图库，通过 IP 授权合作实现了馆藏文物和文化元素与品牌的对接，同时也提升了品牌的文化价值。

2018 年年初，国博与肯德基合作，在国内 18 个城市设立了肯德基国宝主题店。17 件精心甄选的国家级文物都被“请”进肯德基国宝主题店内。消费者在苏州，可以与《明宪宗元宵行乐图》畅谈意趣风华；在成都，可以偶遇诙谐幽默的击鼓说唱陶俑；在西安，可以与人面鱼纹陶盆诉说人与鱼的羁绊……人们一边吃炸鸡一边聊聊历史和店内的国宝主题，瞬间觉得手中的鸡腿都不一样了。除了在门店装饰上体现主题，经典的“全家桶”也华丽变身为“国宝桶”，桶的外包装上印刷了各种源自国博馆藏文物的吉祥图案，如福庆有余、万福如意、锦绣山河等。

为了让更多的年轻人了解和喜爱传统文化，在 2016 年，恭王府博物馆与国漫 IP“阿狸”合作，把传统文化的内涵，尤其是恭王府的福文化以富有创意的方式进行表达和传递。图 3–3–8 中的商品就是恭王府博物馆与国漫 IP“阿狸”合作开发的文创产品。

消费者想要通过文物及其衍生出的文创产品，看到的是其内在的文化，并通过它们看到特定时代的样貌。《清明上河图 3.0》高科技艺术互动展演不借助文物实物、不通过文创产品实物，同样可以让消费者看到北宋城市的宏大规模与气象。这是一场别样而精致的展览。《清明上河图 3.0》展馆约 1600m²，共有《清明上河图》巨幅互动长卷、孙羊店沉浸剧场、虹桥球幕影院等三个展厅，借助科技从各种维度最大化地营造观展的沉浸感和互动性。

图 3-3-8　恭王府博物馆与国漫 IP“阿狸”合作开发出的文创产品

在故宫的百万件文物中，《清明上河图》有着不可替代的国宝级地位。画卷中展示了北宋时期丰富的城市生活和独特的建筑，如茶楼、酒馆、拱桥等。人们争相外出游玩或在城内工作走动，行人中有绅士、仆役、贩夫、走卒、车轿夫、作坊工人、说书艺人、理发匠、看相算命者、贵家妇女、行脚僧人，以及顽皮儿童等。

无独有偶，借助特定技术的《姑苏繁华图》展览也为观众呈现出了一个动态的、可以互动的清朝时期苏州繁华的社会面貌。《姑苏繁华图》以长卷形式和散点透视技法描绘了当时苏州“商贾辐辏，百货骈阗”的市井风情。它是继宋代《清明上河图》后的又一宏伟长卷，全长 1225cm，宽 35.8cm，比《清明上河图》还长一倍多。

但是，新技术只是创意的手段，跨界合作也只是创意的方式，文化内容始终是第一位的，因为设计文创产品的最终目的是传承文化和传达文化。

四、人格化是文化 IP 与粉丝连接的纽带

有了文化和创意后，某一主题的文化 IP 想要吸引更多的消费者，可以通过人格化 IP 形象的方式来连接粉丝、集聚“流量”。

2019 年暑期上映的动画电影《哪吒之魔童降世》给哪吒赋予了“我命由我不由天”的人格。出于对电影的喜爱，很多人愿意为各种哪吒的衍生文创产品买单。该 IP 吸引人的地方不仅是电影中浓浓的中国传统文化元素、家喻户晓的《封神演义》的故事以及对故事和人物的创新表达，更是因为哪吒用自己不惧命运的态度与命运进行着斗争。也许很多人在哪吒身上看到了自己的影子，一个不屈服于命运的身影而一次次地产生共情。如图 3–3–9 所示的产品就是《哪吒之魔童降世》的衍生文创餐具。

图 3–3–9 《哪吒之魔童降世》的衍生文创餐具

同样作为故宫超级 IP 的故宫猫，其所呈现的就是灵动可爱的形象。穿上皇帝衣服或宫廷侍卫服装的形象被称为“大内咪探”。其文化 IP 的打造逻辑是，首先对故宫博物院的猫进行抽象化提炼，让其具有故宫的故事性、传承性；然后融入新的创意，完成 IP 的设定；接着开发设计相应的衍生品，使其具有场景性、体验性和适配性。作为一个超级 IP，它还可以延伸到不同的领域。

选择故宫猫来打造文化 IP，不仅是因为符合年轻人的喜好，更是以调研结果为指向产生的创意。故宫里的猫是故宫历史的见证者。据史料记载，从明朝开始，紫禁城就成立了一个专门管理猫的部门——御猫房，在故宫里常能看到它们的身影，它们也不怕游客，十分可爱。这些猫身上浓缩的千年历史文化对比其本身的

可爱形象，形成了强烈反差，就这样一下拉近了大众与故宫的距离，让故宫变得欢乐、有趣。

当人格化的人气 IP 形象和茶饮进行跨界碰撞时会吸引众多的年轻人。如布朗熊与可妮兔各自携带的 IP 人格化魅力，让布朗熊与可妮兔主题奶茶店（图 3–3–10）成为年轻人的“打卡地”。年轻人除了使用表情包还可以用喝奶茶的方式来表达自己对布朗熊与可妮兔的喜爱。对于奶茶的种类和口味可能消费者并没有过多关注，但是至少借助布朗熊与可妮兔的人气，让该茶饮品牌走进了年轻人的生活，也衍生出众多的周边产品。

图 3–3–10　布朗熊与可妮兔主题奶茶店

布朗熊与可妮兔这种人气 IP 虽然有了人格化的形象，但是缺少了一定的文化内涵，它们的故事总是显得那么单薄。在人格化初期，若将更多的文化元素融入其中，依托传统文化的丰富积淀，可能会让品牌更有生命力。如若做不到，那此时所衍生出的产品只能被归类为“周边”，而非文创产品。

要打造真正的超级 IP，必须有基于超级 IP 开发的文创产品，不能仅仅是简单的形象衍生。除了注重创意融入文化元素，还需要对超级 IP 背后的形象进行人格化塑造。建立超级 IP 不仅可为文创产品提供丰富的创意素材，还能进一步拓展产品形态，创造更多形式的衍生品。整个 IP 产业链可以划分为内容层、变现层、延伸层、支撑层。从最上游的以网络文学、漫画、表情包以及传统文化为主的内容层，到中游以电影、电视剧、网络剧、游戏以及动画等领域为主的变现层，再到包含衍生品尤其是文创产品、主题公园、体验馆等的延伸层，以及包含版权维护、设计制作服务等的支撑层，IP 连接着特定主题的传统文化，让其有了各种状态的表达和传播方式。

第四节　文旅融合下的文创产品设计

文化是由人类创造出来的精神和物质财富的综合体，具有一定的地域特点、历史价值和物质形态。旅游业具有促进文化传承和发展的作用，同样文化也在旅游业中占有重要地位，这就使得文旅融合的出现成为必然。这种新形式在为人们提供优美景观的同时，也要求经典文化资源所产生的旅游文创产品要更具创新性、独特性。

一、乌镇

在文旅融合的背景下，除了各种主题文化乐园，体验水乡文化无疑是江南地区最吸引人的旅游主题之一。江南的古镇有很多，比较有名的有同里、周庄、甪直、西塘、南浔和乌镇。然而，当乌镇率先创新性地把自己从水乡古镇打造成文化小镇之后，它和其他江南水乡之间的差别便一目了然了。到目前为止，它是江南古镇中保护性开发做得最好的一个，也是旅游发展最快的一个。乌镇景区已不是单纯的观光旅游景区，而是一个集休闲度假、养生养老、文化创意于一体的国际休闲文化小镇，在完成 IP 重塑的同时也形成了一系列崭新的古镇旅游文创产品。

乌镇作为一个水乡古镇，是人们休闲度假，感受江南烟雨蒙蒙、诗情画意之景的好去处，其风景名胜有西栅景区（图 3–4–1）、东栅景区、茅盾故居等。乌镇的特色产品涵盖了衣食住行等方面，有草木染的衣服可穿、有乌镇果子可食、

图 3–4–1　乌镇西栅景区

有乌酒可饮、有临水的客栈可住、有乌篷船可行。虽然乌镇本身作为一个水乡古镇的“大的文创产品”，给游客的体验非常好，但是具体到衣食住行的实物产品和其他水乡古镇的产品相比差异依然不是很大。

（一）创新 IP

乌镇区别于其他水乡古镇的文创系列产品之一是乌镇浮鱼（图 3–4–2）。在西栅景区的水剧场内，游客可以找到那条浮鱼。乌镇浮鱼是荷兰艺术家“大黄鸭之父”霍夫曼参考大黄鸭的设计理念设计的一件作品。

图 3–4–2　乌镇浮鱼

浮鱼用中国吉祥文化中谐音的表达方法称，即富裕。浮鱼这一 IP 成为乌镇第一个被系列化打造的形象，其形式也衍生出手账本、手拎袋等文创产品。从浮鱼系列产品中可以看到，古镇文创产品的开发要以古镇历史文化为魂，依托一定的物质载体，将文化融入其中进行旅游开发，使得文化符号化，并通过特定的符号叙事语境打造出特定的文创产品。

（二）延续本身的物质文化遗产

乌镇作为一个有着 1300 年建镇史的古镇，除了通过结合本身的特点创造新的 IP 衍生旅游文创产品，还可以通过对原有的物质或非物质文化进行旅游文创产品的开发。

乌镇的草木本色染坊（图 3–4–3）位于西栅景区，游客在这里可以体验到蓝印花布传统印染工序，如果感兴趣，还可以在此体验挑布的乐趣，做一块自己喜欢的蓝印花布。前店后坊的模式沿用了之前乌镇人开店的模式。如果游客不想自己做，可以在前面的店铺中购买现成的包与衣服。染坊有着浓浓的江南味道和传统工艺特色，从纹样设计、花稿刻制、涂花版、拷花、染色、晒干都遵循着祖辈留下的工艺。晒场（图 3–4–4）中高高的架子上挂着的蓝白色花布在阳光下看起来很美，以此为背景拍上一张美照已成为其不同于其他景点的特别体验。

图 3–4–3　西栅景区的草木本色染坊

图 3–4–4　晒场

乌镇也将乌镇蓝印花布的这抹蓝色打造成了乌镇的一个特“色”。1300 年前，我国创造了一种传统的民间工艺品——蓝印花布，它是用蓝草染料印染制成的。在《二仪实录》这本古籍中提到，“缬，秦汉间始有。”缬指的是由丝线织成的具有花纹纹理的织物。宋代逐渐完善了蓝印花布的工艺技术。明朝设立了织染局来统管织染业。直到清朝时期，许多民间染坊才开始兴建。乌镇曾经是蓝印花布的主要起源地之一，现今它是为数不多的还保留着蓝印花布生产传统的地方。悠久的历史和作为其仅存不多的产地之一，也值得让乌镇将其打造成为自身的一个重要文化符号，各民宿门口的指示牌、小吃店内的桌布，还有阿姨头上的方巾等，几乎随处都可在乌镇看到蓝印花布元素（图 3–4–5）。

图 3–4–5　乌镇内的蓝印花布元素

蓝印花布的原料土布及染料均来自乡村，其工艺出自民间。旧时，浙江一带的农村几乎家家户户使用蓝印花布，窗帘、头巾、围裙、包袱、帐子、台布等都可以用它制作，其曾是人们不可或缺的生活元素。本身非常接地气的特色使其极其适合被重新设计，并再次融入消费者的日常生活中。在一些小店里也能看到以蓝印花布为文化元素设计的文创产品，如手账，但是这种贴图式的传达方式比起带着土布特有质感的包、衣物等，对于游客的吸引力下降不少。

除了蓝印花布，乌镇还有三白酒、花灯等物质文化，与蓝印花布店铺的门庭若市相比，花灯店铺（图 3-4-6）可以说是门可罗雀。与蓝印花布品类繁多的衍生产品相比，花灯的衍生品几乎为零，其依旧保持着传统的形态和功能。但是，到了乌镇的元宵节，游客会增加购买的欲望，哪怕是在平日里，只要了解到乌镇“提灯走桥”的传统，很多游客会忍不住要体验一回。古时，在元宵节这天，乌镇的居民会提着灯笼走过十座石桥，寓意着和过去告别，亦象征十全十美，在新年里讨个福寿双全的吉利。现在，游客可以提着灯笼，穿梭在西栅的夜景光影间，用最古老的方式提灯走桥，融入江南的水乡之中。这种行为文化也是文创产品设计的一项内容，同样可以衍生出各种创意满满的旅游文创产品。

图 3-4-6　花灯店铺

（三）延续本身的非物质文化遗产

手里提着祈福的灯笼，如果还能穿上一套应景的汉服，那便真的仿佛穿越回千年前的梦里水乡了。每年 10 月是乌镇的戏剧狂欢节，海内外的游客会蜂拥而至，为的是体验戏剧氛围。西塘每年 11 月初都会聚集众多汉服爱好者，来此体验中华传统服饰文化、礼仪文化。所以，独特的体验也是各主题乐园、景区能够带给消费者的独一无二的文创产品。

随着汉服越来越火，穿汉服出行的人也越来越多，但很多人在生活工作中不方便穿着汉服出门，因此到有着古朴建筑的古镇体验一下汉服便成了不二之选。乌镇等水乡古镇都有汉服体验店（图 3–4–7），商家可以帮客人化妆、做造型，店里也有非常多的服装和发饰可供选择，还可以配上各种小道具，如团扇、油纸伞、绣花布包等。

图 3–4–7　乌镇汉服体验店

文旅的融合让人们在游览的同时不仅可以享受美景、快乐，还可以学习传统文化知识。有时汉服爱好者穿着汉服走在街上，会被误认为是穿了其他国家的服饰，这从侧面反映了一些人对中华传统服饰的认识还不够。由于汉服价格偏高，并不容易将有关汉服的传统文化知识进行推广，但是汉服体验为汉服文化的传播提供了一个新途径。

二、拈花湾和东方盐湖城

如果说乌镇融合了各种文化元素，内容繁多，那么无锡拈花湾（图 3–4–8）就是主题明确、内容统一的禅意文化主题景区。乌镇本身有着千年的历史，文化底蕴深厚，从物质文化到非物质文化都可以进行衍生文创产品的开发。但是对于国内众多的类似拈花湾这样全新打造的度假小镇，给游客带来的旅游文创产品主要集中在与其自身主题相关的实物类文创产品和各种体验上，尤其是和小镇主题相关的体验上。

图 3-4-8　无锡拈花湾

（一）心灵的体验

拈花湾的命名源于“拈花一笑”这一佛教经典故事和小镇所在地块形似五叶莲花的神奇山水构造。其建筑风格则源自唐朝时期的建筑风格，再融入江南小镇特有的水系，打造出了一个自然、人文与生活方式相融合的旅游度假目的地，让人们体验禅意生活，开创心灵度假的休闲旅游新模式。

类似的文化主题景区还有常州东方盐湖城（图 3-4-9）。拈花湾是盛唐佛教主题，东方盐湖城则是魏晋道教主题，虽然两者风格略有差异，形式却较为相同，都是全新打造的主题休闲度假小镇。景区本身就是一个巨大的旅游文创产品。如同乌镇一般，它们为消费者营造出了独特的氛围。乌镇以水乡古镇为特色，而拈花湾和东方盐湖城则分别呈现盛唐佛家风格与魏晋道教风格的意蕴。

图 3-4-9　常州东方盐湖城

（二）动手的体验

这类文创产品是各种手工体验，如陶艺、剪纸等，两个景区几乎差不多。但是由于茅山道士和道家名山茅山的缘故，在茅山脚下的东方盐湖城内体验画符会让人产生“正宗”的意味，得到一份特殊的体验。

虽然剪纸体验与画符体验都只是一个过程，但是游客在体验后大多会选择把自己剪完的图案和画好的符纸带回家，前者可以作为装饰品，后者则是祈福的物品。两者都需要以实物类的产品作为载体，前者使用红纸和装裱的镜框，后者使用空白符纸和布袋。景区体验区内会售卖用来装符的小布袋，游客可以在画完符后将符装入袋中，放置在包内或悬挂在家中。这些载体的形式并不固定，却都可以成为文创产品设计的内容，都可以有更好的创意呈现，从而让不同景区的体验也变得不一样。

（三）归家后的回忆

这类是普通的实物文创，其中又可以分为两类：一类是结合景区主题文化内容衍生的产品；另一类则是景区自己打造的 IP 衍生产品。东方盐湖城景区主要围绕着道教的“符”开发设计文创产品，主要类别集中在挂饰、手机壳、书签等常见的种类，但是产品本身并没有结合地域特点，亦没有包含景区特有的文化符号，使得文创产品的吸引力相对减弱了。2019 年 4 月“我就是逍遥派”首届东方盐湖城文创设计大赛作品征集活动启动，围绕“逍遥文化”和“东方盐湖城特色 IP”两大方向征集了众多文创作品，希望能设计出体现地方旅游特色与文化创意的融合产品。产品要求以东方盐湖城“逍遥游”的道家属性为出发点，或是根据茅山脚下的逍遥山镇、鹤发童颜心怀苍生的逍遥子、聪慧活泼的邻家女孩小慧等特色 IP 设计文创衍生产品。相信融入特定 IP 形象之后，东方盐湖城的文创产品也会因拥有自己特定的语意而独具特色。就像乌镇的那抹蓝，在离去后成为游客记忆中的一个重要的符号；就像拈花湾的小和尚（图 3-4-10），无论在景区内还是官方的 App（应用软件）上都可以看见他。

图 3-4-10　拈花湾的小和尚

三、西江千户苗寨

贵州省雷山县是苗族历次大迁徙后的主要聚集地，创造出了无数灿烂的苗族文化，而地处雷山县东北部的西江千户苗寨便是体验苗族文化的最佳去处。由前面讲到的三个不同主题的景区可以总结出，在文旅融合下，主题景区的旅游文创产品通常由体验和实物文创共同营造出景区的主题氛围，传达给游客特定的文化内容。由此，我们也可以得出西江千户苗寨旅游文创产品的组成，如图 3-4-11 所示。

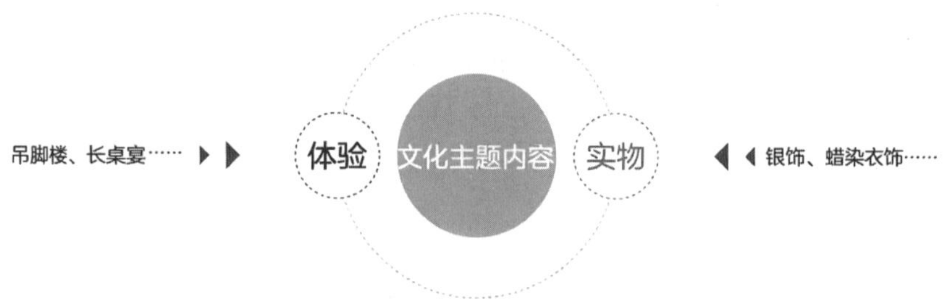

图 3-4-11　西江千户苗寨旅游文创产品的组成

西江千户苗寨是一个保留了苗族原始文化和自然生态的地方，它是由十多个村落依山而建形成的。这里是全球最大的苗族聚居地，被认为是苗族文化必不可少的发源地之一。朴素无华的苗寨聚集了很多苗族人家，向山那边望去，吊脚楼沿着山势上升，小溪在山下蜿蜒流淌，充满了自然、安逸的气氛和独特的意韵。在这里，游客可以体验特色鲜明的民居建筑、多彩的服饰文化，以及厚重的民族风情。

（一）独特的体验

一般来到西江的游客都会至少住一晚再走，一则是为了体验一下住吊脚楼的感觉，二则是为了欣赏西江的夜景。层层落落的木质吊脚楼依江而建，呈阶梯状逐级抬升，与自然和谐共融。在中国历史上有“北人穴居，南人巢居”之说。南方又大多从巢居发展为干栏式建筑，而西江千户苗寨的吊脚楼则是其先民在山区的环境下基于传统的干栏式建筑进行了创建，从而形成了穿斗式木质结构的吊脚楼。整个房子的框架采用了榫卯结构，在山地斜坡建屋不但节约耕地，还具有良好的通风、防潮效果，充分体现了天人合一的思想。通过吊脚楼可以看到包括建筑文化在内的众多中国传统文化的内容。可能游客并没有特意关注这些文化内容，于是融在吊脚楼中的中国传统文化被简化成了居住的感觉和体验。

“民以食为天”在西江千户苗寨也得到了印证，很多游客觉得最有意思的民俗体验就是长桌宴。苗族的长桌宴风俗已有千年的历史，是苗族宴席的最高形式与礼仪，通常用于接亲嫁女、满月酒的宴饮活动。左边是主人座位，右边是客人座位，主客相对，相互敬酒劝饮并对酒高歌。这些活动现已成为西江千户苗寨的一项重要民俗体验。在饮食的过程当中，苗族的姑娘会带着自己的酒来敬客人，游客在这里可以享受到苗族特有的美味，感受到苗寨里人们的朴素与热情。

在大部分主题景区中，完成了吃、住和当地特色民俗的体验，景区能够传达给游客的文化内容也就基本完整了。如果说水乡古镇和汉服搭配，那么西江千户苗寨则更搭配苗族服饰。很多游客会穿上苗族服饰在观景台上和身后的苗寨全景来个合影。

虽然在很多游客的眼中苗族服饰只有一种，但其实苗族服饰有 130 多种形式，并且不同区域的苗族服饰也各有差异。湘西方言苗区和黔东方言苗区喜好银饰，黔南某些苗区喜好贝饰，而西部方言区苗族服饰则少银饰。在苗族的服饰上还可以看到许多传统工艺，如苗绣、蜡染、银饰工艺等。一套真正、完整、精致的苗族服饰的做工是非常复杂、耗时的，其售价也是颇为昂贵的。因此，人们也能从整套服饰中进一步了解苗族的文化和服饰传统工艺。

（二）基于传统工艺的创新

苗族的蜡染工艺已有千年历史，与乌镇的蓝印花布相比，两者的印染材料和工艺都有所差异。在进行蜡染工艺制作时，首先需要使用草灰对自制的布料进行漂白清洗。接下来，把煮熟的芋头捣成泥状，涂抹在织物的反面。待晾干后，再用牛角将布料磨平和磨光。继而，将白色的布作为画布，把蜂蜡熔化后，利用铜刀蘸取蜂蜡在花布上勾勒出多种绚丽多彩的图案。待图案勾勒完成后，就要进行浸染。将描绘完成的蜡片放进蓝靛染缸中，经过五至六天的浸泡后，取出晾干即可获得浅蓝色花纹。如果需要深一点的颜色，可以进行多次浸泡。如果想让织物呈现出深浅不一的图案，一种可行的方法是在获得浅蓝色花纹后，接着在浅蓝色部分涂上蜡花然后再浸染。在第二次染色时，如果蜡受到过度折叠而损裂，就会在布料上留下一些自然的断裂纹，这些纹路就叫“冰纹”。最终，经过水洗、煮沸消除蜡质、漂洗处理，布料上就会有深浅不同的颜色了。在西江千户苗寨的很多店铺中都可以买到蜡染的布艺产品，也有体验蜡染工艺的店铺，但是当蜡染工艺脱离苗族服饰文化后，如果不经过创意设计，就会失去本民族的特色，导致制成的服饰和背包的吸引力下降。

银饰也是苗族服饰的重要组成部分，苗族银饰是在家庭作坊内通过手工操作加工而成的。银匠先将熔化的白银通过压制、雕刻等工艺，塑造成各种薄片、银条和银丝，并在其中加入美丽的纹样，使其更加精美。然后，他们会进行焊接和编织，最终使饰品成型。为何苗族银饰对苗族人来说如此重要呢？因为苗族有着“以银为结，以银为彩，以银为荣，以银为贵”的信念，苗族人一生用银极多，即使是在不断迁徙的时代，也常在手脚、双耳等处佩戴适量的银饰以求长命富贵、驱灾辟邪。苗族银饰艺术始于巫术图腾活动之中，其所具有的意义已经不单在于装饰，而是有了趋吉避凶的新内涵。

苗族银饰自明代盛行至今，已有数百年历史，是苗族人生活中最为重要的器物，也是青年男女的定情信物。但是，走在西江千户苗寨中，可以发现苗族银饰的这两个具有特色且不同于表层装饰性的内涵并没有被用来进行衍生文创产品的设计和推广。

在西江千户苗寨的中心有一座西江苗寨博物馆，其中向人们展示着苗族的发展史，成为观赏和研究苗族传统文化的“大看台”。通过博物馆可以了解到苗族的图腾崇拜，而这些图腾是银饰等工艺图案的重要组成部分。在苗族古歌中，传说是枫木生了蝴蝶妈妈，蝴蝶妈妈又生下了十二个蛋，由鹡宇鸟孵化出了苗族的祖先姜央和他的十一个兄弟。也许西江的蝴蝶可以像乌镇的浮鱼一样，通过设计重构来对自身丰富的物质和非物质文化进行表达和传递，成为西江千户苗寨的一个文化符号。同时，西江的建筑也可以和乌镇的蓝印花布一样成为西江千户苗寨特有的文化符号。

与乌镇、拈花湾等统一打造的景区不同，西江千户苗寨中多是私人开设的店铺。店主是靠着本民族的传统手艺开设店铺的，或者利用自家的房屋经营民宿，因此，部分产品存在包装简单甚至没有包装的状况。如果只是游客自己消费并没有什么问题，但是一旦作为伴手礼赠送给亲朋好友就不太合适了，并且被赠送的人可能并没有来当地游览过，如果有包装，那么包装上的文字或者说明书也能对文创产品本身包含的文化元素起到补充说明的作用。

在西江千户苗寨景区内有一家制作米糕（图 3-4-12）的店，虽然米糕算不得是西江最有特色的文化元素，但是从米糕制作到包装，再到店铺形象的创意设计，使得米糕在作为伴手礼被赠送给亲朋好友的时候打上了西江的印记，让西江千户苗寨的文化内涵得到了有效的传达。

图 3-4-12　西江千户苗寨的米糕

在离开西江千户苗寨景区的乘车点处还有一家网易严选雷山体验馆（图3-4-13），店内售卖的不少商品都是西江千户苗寨的特产，如茶叶、银饰、蜡染等。可以让游客在离开前购买到当地的特产，以赠送亲朋好友或留作对西江的记忆。

图 3-4-13　西江千户苗寨网易严选雷山体验馆

文化是旅游的内核和灵魂；旅游是文化的载体，也是感受、体验文化的过程。在文旅融合的背景下，为特定的主题景区进行文创产品设计时，首先，一定要把结合地域特色放在第一位，为其找到独特的文化符号；其次，不要把文创产品的形式局限在实物形态；最后，要注意包装也是文创产品设计的一部分。

第四章　文创产业的内涵及发展现状

文创产业是一个新兴的产业，注重人们的创造力，它的产生离不开经济全球化的发展，该产业侧重于利用技术、创意和产业化的方式发掘和销售某种特定的文化元素或文化因素的知识产权。本章为文创产业的内涵及发展现状，主要介绍了三个方面的内容，依次是文创产业的形成概述、文创产业的内涵与分类、国内外文创产业发展现状。

第一节　文创产业的形成概述

一、文创产业的起源

自 1990 年起，英国政府便着手起草文化发展战略。1997 年，英国政府建立了专门的团队，研究创意产业在经济上的价值，包括产业规模、就业状况、营业额等，以证明其经济意义。此后，在 1998 年，英国政府颁布了《创意产业纲领文件》，将创意产业列为国家经济战略的重要组成部分。自英国政府出台《创意产业纲领文件》后，其文创产业得以迅速发展。2001 年，英国政府颁布了《文化与创新：未来十年的规划》，再次强调了文创产业对英国经济的重要性。

随着文化体制的不断改革，我国文创产业也得到了蓬勃发展。最初是为了促进现代文化市场的发展，后来又提出了构建现代公共文化服务体系的理念，为了完成这一目标，我国从 20 世纪 80 年代开始就不断地对文化产业进行全面试验和推动。自 20 世纪 90 年代末以来，文化产业引起了广泛的关注。随着经营性文化事业单位向企业化转型的不断加速，新兴文化企业蓬勃兴起。此外，各级政府相继出台了一系列文化产业政策，学术界也对文化产业进行了广泛的研究和探讨。这些因素共同推动着文化产业逐步成为国家的重点发展产业。2004 年，国家统计局出台了《文化及其相关产业分类》；2009 年，国务院发布了《文化产业振兴规划》；2010 年，党的十七届五中全会提出要推动文化产业成为国民经济的支柱产业。这些政策的相继出台表明，在我国的经济体系中，文化产业起着至关重要的作用。虽然文创产业的发展是一个逐步演变的过程，但学术圈普遍认为，文创产业起源于 20 世纪 90 年代的英国。经过对产业起源和学术历史的探究后，我们可以了解到以下内容。

（一）创意产业概念的提出

英国“创意产业特别工作组”在 1998 年第一次提出了创意产业的概念，该概念强调创意产业源于个人的创意、技能和天赋，通过对知识产权的开发和利用，能够为社会创造财富和就业机会。2001 年，该工作组将广告、建筑、艺术和文物交易、工艺品、设计、时装设计、电影、电子游戏、音乐、表演艺术、出版、软件和计算机服务、电视广播等 13 个行业确定为创意产业的组成部分。[①] 虽然最初创意产业的概念是在英国兴起的，但这些产业实际上在世界各地的文化发展历史中早已存在，并且中国、澳大利亚等的学术界已经对这一概念进行了探讨，只是传播范围相对较窄而已。

（二）文创产业的理论研究起源

文化创意是人类文明和历史的不可或缺的组成部分，它包括文化、艺术和创意等方面。戏剧和服装产业作为文化创意产业的代表，源于最初的零散的文化创意实践行为。这些行为经过不断的专业和系统的发展，逐步成为产业，并不断传达着特定的文化含义。因此，文创产业的起源可以追溯到几个世纪以前，当时的文化、艺术和创意的表达行为才是真正的文创产业的源头。

（三）我国文创产业学科的发展

我国文创产业 20 多年来高速增长的社会实践对文创产业人才培养和相关学科专业建设提出了紧迫的发展需求。但当前的文创产业学科专业建设陷入了理论和实践的双重困境：在理论上，它至今还未形成学界公认的相对独立的研究对象、研究范式和相对独立的话语体系；在实践上，文创产业人才输出与市场需求存在结构性失调的现象。这既与文创产业发展历史不长、理论积累不足有关，也与按照工业化社会分工划分专业的标准化教育学逻辑相连。由于传统专业分工逻辑难以包容新的社会需求，即基于类型技术的学科专业分工逻辑难以兼容文创产业创意性和交叉性的学科专业性质。这使得本属于新兴产业形态的文创产业学科建设

① 熊澄宇．世界文化产业研究 [M]．北京：清华大学出版社，2012．

落入了旧工业化社会分工的“逻辑悖论”。因此，我们要借助设立“交叉学科门类”之契机，突破类型技术基础上的专业分工思路，重建数字信息技术上的集成综合模式，探寻文创产业学科结合数字信息技术而形成的“新文科”（新型文创产业学科）特征，重构“新文科”背景下中国文创产业学科和专业的新内涵。

1．文创产业学科领域的识别期（1978～1991 年）

我国开始实行改革开放政策后，经济结构发生了巨大的变化，这一时期的文化形态也为后续发展积累了巨大的能量。为了更好地建设国家，钱学森教授建议创立一门全新的社会科学来研究社会主义精神财富的来源，这一举措能够为未来的国家建设提供科学的预测和指导。最初，这门学科被称为“文化学”。除了强调这门学科在建设社会主义精神文明中的重要性，他还清晰地表达了这门学科未来的研究方向，即该学科将聚焦于探究创造精神财富、改革文化事业以及制定公平的分配机制等方面。这几乎构成了一套完整的文创产业学科体系的雏形。自 20 世纪 80 年代至 90 年代起，部分学者开始研究精神产品与其他商品的异同之处，明确了它们独特的价值特点。根据其消费属性和相应的市场特征，这些学者认为精神产品可以属于第三产业，也可以是独立的第五产业。随着市场经济的发展，大众文化开始盛行，文化艺术的产业化也得到了快速发展。这促使人们开始更多地关注大众文化的消费和生产模式，以及其对社会的影响。在这一阶段，人们已经初步达成了共识，认为将文化纳入产业范畴并进行全面研究是非常有必要的。

2．文创产业学科建设的合法性构建期（1992～2002 年）

这一阶段，我国加大了文化市场的开放力度。这一举措激起了学者对大众文化蓬勃发展的批判性思考，并运用了法兰克福学派文化工业视角加以探讨。此外，这种开放还激发了学术界更深入研究文化市场的意识，并推动了文创产业的发展。1998 年，我国的政策系统中开始纳入“文创产业”的概念，这代表着文创产业在国家层面得到了认可和重视。这一时期，中国文创产业的合法地位已经得到确认，它不仅可以推动我国现代化发展的进程，还可以促进文化复兴和产业振兴。因此，文创产业的学科建设问题被纳入重要议程，以推动这一产业不断向前发展。倡议“建立‘文化经济’和‘文创产业’的理论体系，并在少数重点大学开设相关课程”成为文创产业发展的现实关切。20 世纪初期，学术研究人员深入探讨了大众文化形成、扩散以及被消费的方式，从而更加深入地了解了商业性文化机构和公益性文化机构之间的关系。这些研究不仅明确了文创产业在文化体系中的特殊地位，同时也为文创产业的学术研究提供了自己独特的研究方向。在 2002 年党的十六大上，提出了将文化事业和文化产业分开发展的战略思想。尽管“文创产业”的概念在社会和学术领域都遭受了长期的争议和质疑，但是最终还是得到了认可。

3. 文创产业学科建设的合理性探索期（2003 年至今）

在认识到文创产业的重要性后，一些学者便开始探讨建立一个合理的文创产业学科体系，这涉及学科体系结构的设计、学科建设的特征、如何培养文创产业人才，以及学科划分和领域范畴等问题。关于文创产业学科专业的架构，目前存在三种主要的观点。根据国务院公布的学科目录，第一种观点认为，应该将“文创产业管理”归类为管理学或经济学门类下的一级学科，与公共管理、工商管理等学科并列。这种观点主张将文创产业与经济管理联系起来。第二种观点认为，文化内涵与文创产业学科的密切联系至关重要。因此，在建立“文创产业”学科时，应强调文化属性，并将文化的公共属性作为该学科的核心。这种观点认为，文创产业学科的梦想不是让人们通过将文化商品化直接去获取经济利益，而是视文创产业为对人类的过去、现在和未来最深刻的文化责任。如果我们将文创产业视作“艺术学”学科下的一个分支，实际上能够赋予这个具备产业属性的领域一种特殊性。第三种观点认为，应采用跨学科的方式建立“文创产业”学科。更具体地说，可以把与文创产业有关的领域划分为经济学、管理学和文化创意学科，这样它们就可以相互渗透和互相补充，在交叉的学科领域中形成协同效应。

二、文创产业的发展

随着社会化分工的细化，人类社会的产业发展先后经历了畜牧业、农业、手工业、商业、服务业等依次分化的过程。在这个分化过程中，以前专门从事宗教祭祀、文学艺术的知识阶层被逐步分离出来，并形成了适合知识产出的运行机制与发展体系。18 世纪中后期，发端于英国的工业革命迅速完成了对本国手工业的改造，使英国一跃成为当时的世界强国。此后近两个世纪，以欧美发达国家为蓝本的工业化浪潮席卷全球，各国在争先恐后实现工业化的同时，也以工业化的思维对农业、畜牧业、商业、服务业等进行了改造。今天，这种标准化、批量化、流水线的生产范式还在深度影响着教育、医疗、卫生、旅游等行业的资源匹配与产出机制。

长久以来，文化艺术作为上层建筑，其生成与发展机制始终与经济基础的运行方式大相径庭。目前，发达国家与很多发展中国家已进入后工业化时代，民众生活普遍丰裕起来。“仓廪实而知礼节，衣食足而知荣辱”[①]，人们日常生活的诉求重点已由物质向精神转换，整个社会对文化艺术产品的需求持续增加。另外，传统“手工艺化”的文化艺术成果产出机制及其加工效能已无法满足今天的现实需求。因此，文化艺术成果产出机制势必面临着工业化的改造。“文化工业”“文化产业”“创意产业”“文创产业”等概念在此背景下孕育而生。

微软公司创始人比尔·盖茨曾说：“创意具有裂变效应，一盎司（英美制质量单位）创意能够带来难以计数的商业利益、商业奇迹。”[②]文创产业成为当今很多国家最强劲的经济驱动力之一。

第二节　文创产业的内涵与分类

一、文创产业的内涵

若想了解文创产业的内涵，一种方法是研究不同国家和地区对于这个新兴领域的命名。在英国、澳大利亚和中国香港等国家和地区，人们普遍称之为创意产业；而在德国、中国台湾等国家和地区，则更倾向于使用文创产业这一说法；文化产业这一命名则在法国、韩国等国家被广泛使用，每一种命名方式都具有其独特的含义。在不同的国家和地区，命名方式的内涵可能不同。即使在同一国家或地区，相同的命名方式也可能在不同的时期具有不同的含义。

（一）我国政府对文创产业内涵的界定

我国文创产业的官方命名的内涵并不是一成不变的，它始终处在不断的发展和变化之中。2000年，中央政府发布了《中共中央关于制定国民经济和社会发展第十个五年计划的建议》，其中强调了需要促进与文化相关的产业的发展，但并未对文化产业的内涵作出具体界定。2002年，我国推出了第一本文化产业蓝皮书《2001～2002年：中国文化产业发展报告》，其中明确了文化产业的定义是“为向消费者提供精神产品或服务的行业”，并支持了联合国教科文组织对文化产业的

① 赵州，朱贤中．只有“衣食足”才能“知荣辱”吗[J]．阅读与鉴赏：上旬，2007（Z2）：70–73．

② 曹丹．从创意文化列通识基础 课题式基础造型教学的基本特质[J]．湖北美术学院学报，2007（1）：2．

定义。在2003年，当时的文化部（现称文化和旅游部）发布了一份名为《关于支持和促进文化产业发展的若干意见》的文件。该文件将文化产业定义为“从事文化产品生产和提供文化服务的经营性行业”。此外，这份文件还论述了文化事业与文化产业之间的相互关系。2004年，国家统计局发布了《文化及相关产业分类》，其中将文化产业定义为旨在提供文化、娱乐产品和服务以及与这些活动相关的综合性行业，认为文化产业仅限于文化、娱乐和相关服务这些领域。自2009年起，我国开始实行《文化产业振兴规划》。其将文化产业分为若干类别，如文化创意、影视制作、出版发行、印刷复制等。这一举措意味着我国开始明确区分文化产业和文化创意的内涵。在2012年，国家统计局调整了“文化产业”的定义，使用修订后的《文化及相关产业分类》所描述的说法来定义它，即“为社会公众提供文化产品和文化相关产品的生产活动的集合”。修订后的文件新增了“文化创意与设计服务”这一大类，其中文化创意是指建筑设计服务和专业设计服务，文化新业态是指数字内容服务中的数字动漫制作和游戏设计制作，以及其他电信服务中的增值电信服务，软件设计服务是指多媒体软件和动漫游戏软件开发。2014年，国务院发布了《关于推进文化创意和设计服务与相关产业融合发展的若干意见》，进一步强调了文化创意与设计服务的内涵，这里的文化创意与设计服务是指文化软件服务、建筑设计服务、专业设计服务、广告服务。近年来，北京、上海、深圳、杭州、苏州等城市均发布了涵盖更广泛的文创产业分类目录，并统一修改了以往文化产业增加值的计算方法。这意味着文创产业的内涵更加明确，并且计算出的文创产业增加值也更具全面性。[①] 可以说，我国政府对文化创意产业的定义已经发生了变化。最初，政府将其视为一个经济领域，但是现在，政府更加强调文化价值和多种生产活动的融合。

（二）国内外学者对文创产业内涵的界定

文化产业国内外学界是较为通行的界定，联合国教科文组织也采用这一概念。英国学者大卫·赫斯蒙德夫认为，文化产业就是“与社会意义的生产最直接相关的机构”[②]。根据美国学者艾伦·斯科特的观点，文化产业是指包括提供娱乐、教育、信息等服务性产品，以及展现消费者个性特征、社交需求等方面的手工制品在内的综合体。根据中国学者胡惠林的观点，文化产业是围绕着精神产品展开的一个

① 张振鹏. 小微文化企业发展研究：基于商业模式建构的视角[J]. 社会科学，2016（12）：31-45.

② 赫斯蒙德夫. 文化产业[M]. 张菲娜，译. 北京：中国人民大学出版社，2007.

产业体系，它的主要任务是生产、传播和消费各种形式的精神产品。这些学者在界定文创产业时虽然都使用了文化产业的概念，但是他们的界定都是在有限的文化背景下进行的，侧重于探讨文化的意义、价值和精神。英国是创意产业概念的诞生地，该概念对于创意经济、产业经济以及相关领域产生了深远影响。在英国经济学家约翰·霍金斯看来，创意产业是在全球经济紧密联系的背景下兴起的一种新兴产业。该产业的关键在于创造力，它利用个人或团队所拥有的核心文化或文化元素，并借助技术、创意以及工业化手段来开发和推广知识产权。由此可以推知，创意产业是一种脑力工作占据主导地位的产业，它们的收获都是知识产权的结果。澳大利亚学者约翰·哈特利认为，创意产业试图以新知识经济中的新媒体技术发展为背景，描述创意艺术（个人才能）和文化工业（大规模）在概念和实践层面的融合，供公民（消费者）所用。① 在澳大利亚学者斯图亚特·坎宁安看来，应当对文化产业和创意产业作出区分。他认为，创意产业能够更准确地反映新兴经济企业的发展趋势，这种趋势是“艺术”“媒体”和“文化产业”等概念无法完全表达的。② 据我国学者厉无畏所述，创意产业以人类创造力为主要推动力，是一种以此为核心增长要素的产业。据此可知，在研究创意产业时，很多学者不只限于注重文化领域，还强调了人类的创造能力，并逐渐降低了对过去文化的意义和价值的重视，加深了对未来的创新和创意的重视，以此推动新型经济的不断发展。

文创产业是学术界近年来开始使用的一个概念，我国政府和学术界在理论与实践方面都在推动文创产业的发展。中国人民大学金元浦教授认为，文创产业就是在全球化条件下，以消费时代人们的精神文化娱乐需求为基础，以高科技技术手段为支撑，以网络等新传播方式为主导的，以文化艺术与经济的全面结合为自身特征的跨国、跨行业、跨部门、跨领域重组或创建的新型产业集群。它是以创意为核心，向大众提供文化、艺术、精神、心理、娱乐产品的新兴产业。③ 根据李天铎教授的观点，文创产业是一个包含多个层面的完整生产系统。它不只关注文学、历史、政治、文化等表象层面的因素，还包含了实际的创作、发行、版权、消费以及相关产业，如影视、动漫、音乐等。在中国的一些城市，文创产业增加值的计算标准是不一样的，这些标准无论是产业实践层面还是统计层面，都与文创产业理论相符。从上述观点可以得出结论：文化产业和创意产业相互关联、交

① 潘鲁生，张焱．文化创意产品设计开发[M]．北京：中国纺织出版社有限公司，2022．
② 哈特利．创意产业读本[M]．曹书乐，包建女，李慧，译．北京：清华大学出版社，2007．
③ 李一森．我国文化创意产业发展战略中的公共政策研究[D]．厦门：厦门大学，2009．

织在一起，共同构成文创产业。文创产业是以文化为基础，以创意和商业模式为驱动力的产业。因此，将文化和创意结合起来，定义和发展文创产业对于学术研究和产业发展都具有积极意义。

（三）文创产业内涵论析

1. 各国对文创产业的命名及内涵界定是迥异的

首先是以英国为代表的命名方式。英国的创意产业以其突出的创新和创意价值为代表，跨足各个领域，呈现出卓越的创造力，不仅推动了经济增长，还为经济转型注入了活力。其次是以德国为代表的命名方式。德国等国家的文化创意产业命名方式注重文化创意，主要聚焦于文化方面。最后是以法国为代表的命名方式。其聚焦于商业化生产和规模化传播，强调文化的商业价值。另外，各个国家的文创产业的定义都是根据各自的核心产业而确定的，如美国的版权产业、韩国的内容产业以及日本的娱乐观光产业。这说明文创产业的定义和内容因国家而异，其重要性和标准也有所不同。因为缺乏国际统一标准，各国文化产业和创意经济的成长水平存在差异，从而在一定程度上影响了国际文化交流与贸易。

2. 中国对文创产业的命名及内涵界定并未统一

从 20 世纪 90 年代开始，随着文化体制改革的深入和现代文化市场的创建，文化艺术开始向产业化的方向发展。这一过程促进了中国文化产业的兴起，并将其与文化事业区分开来，形成了两个平行的概念。2004 年，国家统计局发布了《文化及相关产业分类》，其中将文化产业定义为涉及文化娱乐和相关服务领域的行业。2012 年该文件的修订版扩大了文化产业的定义，使其变为文化创意产业。然而这种拓展仅限于具体的建筑设计和专业化设计服务领域。2015 年，国家统计局发布了文化产业增加值的数据，而各省市和重点城市则使用了两种不同的统计方法，一种是针对文化产业，另一种则是针对文化创意产业。可见，我们国家在定义文化产业和文创产业方面存在一个问题，即国家统计局、各省市以及重点城市并未对文创产业的内涵进行明确规定。由于对产业内涵的理解存在差异，导致不同地区在统计标准上存在差异。这种差异导致了统计数据之间出现了相互矛盾的情况，有些地方甚至错误地将文创产业与第三产业画了等号。因此，明确文创产业的内涵十分重要。

（四）文创产业内涵厘定

尽管学术界对于文创产业的界定更加审慎和科学，但是仍存在三种主要的命名方式，即文化产业、创意产业和文创产业。每种方式所代表的意义也有所区别。

在厘定文创产业的内涵时，从文化的维度出发进行分析，所有人类活动和创造的成果都涵盖在文化的范畴内。在这一领域中，文化可以划分为不同的方面，如物质文化、制度文化以及精神文化等。因此，我们需要清晰地界定文创产业所涉及的文化要素。一个途径是以英国学者泰勒的经典文化定义或联合国教科文组织的文化界定为基础，来定义文化的内涵。泰勒认为，文化是包括全部的知识、信仰、艺术、道德、法律、风俗以及作为社会成员的人所掌握和接受的任何其他才能和习惯的复合体。[①]联合国教科文组织把文化定义为某一社会或社会群体所具有的一整套独特的精神、物质、智力和情感特征，除了艺术和文学以外，它还包括生活方式、聚居方式、价值体系、传统和信仰。[②]从上述的这两个界定中我们可以看到，文创产业涉及与精神、道德、文学艺术及生活方式有关的诸多因素。除此之外，文创产业还涉及影视、出版、设计、广告、旅游、互联网等方面，同时也涉及音乐、舞蹈、美术等各种艺术形式，这些都是该产业的主要领域。

文创产业注重人的创造性与创新能力。该产业在近 20 年里被人们赋予了创意内涵。约翰·霍金斯认为，创意是一种推动新事物形成的能力，代表着个人或团队的创新和发明成果。这种创新和发明必须是由个人创造的、原创的、具有深意和实用性的。这些特征凸显了个体的原创能力，只有具有原创能力，才能更好地进行创造和实践。英国学者安迪·普拉特认为，创意是一个包含创意工作者、知识、网络与技术，让新的想法与背景脉络得以交互连结的过程。美国学者理查德·佛罗里达则认为创造力本身其实就是一种拼编，即为了创造和进行综合，需要刺激物——那些可以被陌生的方式拼凑在一起的零零碎碎的东西。这两位学者强调了互联和编创在网络时代对创意实现的重要性。首先，文创产业的创意内涵应该是以文化为基础的，并包含诸多核心要素，如精神价值、道德信仰、文学艺术等。其次，创意除了在文化领域有应用，还通过将人们的创造力作为驱动力，并以文化作为纽带，将科技、信息、旅游、体育、农业、金融等领域进行融合，从而连接各种产业，创造出各种丰富的创意产品。

工业革命之后，经济学家开始探讨产业这一概念。1890 年，英国经济学家马歇尔提出了“产业组织”的概念，这一概念一经提出便引起了人们的广泛关注，随后慢慢扩展至产业结构、产业关联和产业政策等方面。1973 年，日本学者宫泽

---

① 霍金斯. 创意经济：如何点石成金[M]. 洪庆福，孙薇薇，刘茂玲，译. 上海：上海三联书店，2006.

② 李琨. 促进文化产业发展的财税政策研究[M]. 北京：中国税务出版社，2013.

健一出版了《产业经济学》，这本书涵盖了许多理论，如产业组织、产业结构和各个产业之间的相互关系等。该著作的出版意味着应用经济学领域又产生了新的分支——产业经济学。由此可以看出，产业是一个能够被实际应用并具有经济学价值的概念。作为一个新兴产业，文创产业在组织、结构、关系及政策等方面都面临着诸多问题，需要更深入地去研究和探讨。

英国首先使用了“创意产业”的概念，但该概念的起源可以追溯到法兰克福学派所使用的“文化工业”一词。“创意产业”的英文全称是“Creative Industries”，因此其也被翻译为“创意工业”。1997 年，英国当时的首相托尼·布莱尔提出了一个想法，即成立一个“创意产业特别工作组”，该工作组的主要任务是解决就业问题和促进产业结构调整。经过对英国创意产业的研究后，该小组得出结论：将创意产业作为推动英国经济发展的重要手段是可行的。1998 年，英国发布了《创意产业纲领文件》，其中明确了“创意产业”的定义并为促进英国创意产业的繁荣发展采取了众多措施。这些措施涵盖了诸多方面，包括要逐步完善机制建设方面，并在组织管理、人才培育和资金支持等多个方面持续强化；为文化产品提供全面的支持，包括对其进行系统化的研发、制作、销售和出口；建立一个完善的财务支持体系以推动创意产业的发展等。“创意产业”概念在《创意产业纲领文件》中被描述为那些源于个体的创造力、技巧与才能，通过对知识产权的利用与生产，具有创造财富与工作机会的潜能的产业。

学术界最初研究文创产业领域时，主要探讨的是“文化工业”这一概念。研究者主要关注的是工业生产、产品分发、交易和消费等方面。当延伸到文化产业时，人们开始重视产业的组织、结构和相互关系等方面的问题。随后，创意产业和创意经济应运而生，产业发展中逐渐融入了创意内涵。在创意领域中，人类的文化创造力是至关重要的，这种创造力涉及了文化内容、产品、服务、知识产权等多个方面。同时，创意内涵的融入也使得文创产业的覆盖面变得更广。文创产业在弘扬文化艺术的核心价值观念、艺术形式等方面发挥着重要作用，其创造力也正好为影视、广告、动漫、互联网、音乐、舞蹈等相关产业注入了新的活力。文创产业将文化与科技、信息、旅游、体育、农业、金融等相关产业紧密结合，形成了一个强有力的产业联盟，促进了其自身的快速发展。文创产业是一种结合了创造性思维和文化精髓的新型经济形式，它注重将不同的文化元素和相关产业融合在一起，从而凸显出产业的协同增效效应。

在进行文创产业理论研究时，可以运用产业经济学和文化经济学的相关理论，以及创意经济、文化研究、文化产业、创意产业及创意阶层等相关概念与理论。

这些理论可以从经济学、文化学、艺术学和管理学等多个方面为文创产业提供支持，最终建立一个完整的文创产业理论。我国的文创产业在北京、上海、杭州、深圳、苏州等主要城市得到了蓬勃的发展，并取得了很好的成果。这些城市已经创建了各自的文创产业分类目录。这些分类目录可供政府和学术界参考，从而制定统一的文创产业统计分类标准。同时也便于政府和学术界采用更为广泛的文创产业标准来统计增加值，将更多与文创产业相关的产业纳入统计范围，推动产业的跨界融合和聚合。这种做法符合后工业时代产业的发展趋势，并且能够激发广大民众的参与性和创新意识。

二、文创产业的分类

联合国教科文组织给“文化产业”的范畴界定为，其指的是以工业标准为准则的一系列活动，包括文化产品和服务的生产、加工、保存和分配。那些涵盖了创意、制造和商业要素的产业，本质上是无形的并具有一定的文化内容。这些内容可以受版权保护并被用作商品或服务，供消费者使用。更具体地说，文化产业包含了印刷、出版、多媒体、录音制作、电影制作、工艺和设计等产业。在一些国家，文化产业还涵盖了建筑、视觉和表演艺术、乐器制作、广告和文化旅游等方面。

联合国教科文组织将文创产业概括为，文化创意领域专业人才，凭借自身专业素养、职业技能与创新思维，通过对特定文化资源的继承、重构与创新，所创造的具有强烈文化属性的产品与服务以及基于知识产权开发而创造财富和就业机会的活动。联合国统计委员会将文创产业划分为三个产品：文化产品、文化服务、智慧产权产品。

不过，文创产业作为新的经济形势，始终被一些学者诟病。“文化”与“产业”在过去的传统认知中，是一组完全不同的概念，甚至是两个无法嫁接的系统。相对而言，“文化”是形而上的，属于精神意识形态范畴；而“产业”则是形而下的，属于经济物质形态范畴。文化能不能被“产业化”？文化能不能以工业化组织构建及运行范式推动知识产出与文化重构？文化能不能视为促进经济发展的工具与手段？对于这些问题，很多学者始终争论不休、莫衷一是。

以德国哲学家瓦尔特·本雅明和社会哲学教授马克斯·霍克海默为代表的学者认为，在资本主义社会中，文化受到工商业运行思维与逐利惯性的影响，艺术生产方式由个体化的独立自主创作演变为程序化、批量化的生产经营，并经商业化运作成为向大众量贩式售卖的文化消费产品，因此被称为“文化工业”。但文创产业的重点是“文化”，而不是“创意”，更不是“产业”。人们无法以工业化管理思维与经济量化指标对“文化”进行评价，无法量化“文化”“教育”“艺术”对国民生产总值的经济贡献率，更无法确切评价“文化”对经济的实际推动作用。因此，将“文化创意”定义为产业，不仅经济上不准确，导向上也不正确。本质上，“文化创意”本身无法像工业、农业、金融业那样进行明确的产业性划分。因而，它并不是产业，也不能将其视为产业。它的重要作用是向各种产业赋能，赋予它们文化的、艺术的、精神的价值，提高这些产业或者行业的文化内涵，使其具有更高的议价能力。但是，文化本身不能经济化，经济化了的“文化”就无法保证它的正确方向与独立价值。

但也有很多学者对文创产业持积极态度，我国台湾地区社会文化学者陈其南试图将“文化产业”和“文化工业”两个概念加以切割。他认为：“‘文化工业’是标准化的、同质化的、庸俗化的、大众化的流行品位的大批量生产。个人是被操纵、被主导的，这是法兰克福批判学派对文化工业的批判观点。而‘文化产业’则相反，它突出的是文化的创意性、个别性；强调的是文化产品的个性、地方传统性和人文精神价值。它不是大规模的机械复制，而是小规模的手工艺生产。”[①]从 20 世纪 90 年代中后期开始，我国台湾地区学者大多倾向于认同这一观点，认为文化产业应该摆脱法兰克福学派的限制。这还表明了为什么在我国台湾地区，人们将“文化产业”称为“文创产业”。因为仅仅依赖于文化本身是无法将其价值转化为实际收益的，只有借助于创意的力量，才能实现文化和产业之间的联系与转化，使文化产业摆脱工业标准化生产的单一、统一的特征。

本质上，传统、分散、小批量的“手工艺化”文化艺术成果产出机制已经无法满足今天民众对文化产品日益增长的需求，文化产业自身内在的发展需求和市场化运行机制才是文创产业化发展的内生动力。

① 张焱．新中国设计简史[M]．北京：中国轻工业出版社，2021．

第三节　国内外文创产业发展现状

一、国外文创产业发展现状

不同国家对文创产业的称谓也有所不同，如英国、新加坡、奥地利、泰国将文创产业称为创意产业，西班牙将文创产业称为文化休闲产业，韩国称文创产业为内容产业，美国称之为版权产业。

称谓的不同反映了文创产业在各国的内涵与外延的不同，但是核心产业在各国具有一致性，如出版、多媒体、音像视听和手工艺设计等产业。这些产业是技术与文化的高度结合，需要生产者在文化生产过程中花费大量脑力劳动在创作、包装和策划中，智力密集型特征突出。

（一）美国

在过去的三十年里，美国的文创产业始终持续蓬勃发展，其产品得到了市场的广泛认可，迅速推广到了全球各地。电影、电视、杂志、报纸、广告、体育和旅游等行业发展迅速。站在消费文化的角度上分析，美国的文创产业是在“文化经济学”理念的指导下不断发展的，这种理念体现在产业的各个环节之中。

1. 美国文创产业的发展现状

（1）广播、电视、电影业独占鳌头

有超过一半的“文化巨无霸企业”属于美国，在全球制作和生产的电视节目中，美国占据 3/4 以上的份额。每年，全球范围内播出的美国电视节目总时长达到了 30 万小时。在一些第三世界国家的电视节目中，美国节目占据的比例高达 60% 至 80%。目前，美国控制了全球大多数新闻节目。美国的哥伦比亚广播公司、有线电视新闻网等媒体所发布的信息量非常大，是其他国家全部媒体所发布信息量的 100 倍以上，甚至是一些国家的 1000 倍。

虽然美国只生产了占全球电影总量 6.7% 的电影，但其电影的放映时间却超过了全球总放映时间的 50%。全球 3/4 的电影市场被好莱坞影视工厂所垄断。近年来，那些与电影有关的产品的销售收入已经超越电影票房本身的收入，成为电影产业的主要收益来源。

（2）出版业实力雄厚，遍及主要英语市场

据估计，美国现在出版行业每年的总收入为 250 亿美元左右。在众多出版公司中，麦格劳希尔出版公司是佼佼者，其每年的销售额高达 29.35 亿美元，所售图书总数在 2800 万册以上，并且产品销售地遍布全球 100 多个国家和地区。以美国报纸为例，《洛杉矶时报》的发行量最大，它每天平均卖出大约 100 万份，其星期日的销售量更是近 140 万份，其广告总收入约为 2.25 亿美元。①

（3）艺术表演市场广阔

艺术表演也是美国文创产业中的一个重要组成部分，成为当代美国文创产业发展的动力之一。美国艺术表演产业结构包括剧院、艺术团体、直接服务机构、间接服务机构等一系列的相关行业，形成了一个特殊有效的运作机制，共同创造出不俗的艺术表演收入。以纽约的百老汇为例，每年百老汇有 30 多个新剧目问世。除新剧目外，每年还有数量不等的老剧目在继续上演。每个剧目的制作成本平均是 200 万美元，即每年的剧目总成本约 6000 万美元，而票房收入每年为 4 亿～7 亿美元，表演市场利润十分可观。②

（4）娱乐业发展十分迅速，成为新亮点

在美国，娱乐业涵盖了旅游观光、博彩以及其他诸多领域。这个行业在美国国内占有相当大的市场份额，同时也吸引了全球的关注。迪士尼公司是美国知名度最高的娱乐企业之一，它除了专注于传统的娱乐业务，还致力于数字媒体、电视电影等多个领域的发展，成为美国娱乐业的代表性企业之一。娱乐业甚至成为美国一些地区的支柱产业，如拉斯维加斯。它在 20 世纪 80 年代就已经成为世界上著名的集娱乐、休闲、国际会议等于一身的娱乐中心，并且带动了其他产业，如旅游业和演出业的发展，其每年的经济收入超过 200 亿美元。

2. 美国促进文创产业发展的政策措施

在自由竞争的市场环境下，美国的文创产业发展得非常迅速，并展现出如下若干明显的特色。

（1）立法引导文创产业发展

美国是一个市场化程度非常高的国家，因此，其政府在经济管理方面并不直接介入，包括在文创产业上也同样如此。在美国，文创产业的发展并非依赖于单一的文化管理部门，而是通过法律规范以及行业自律机制的引导来推动的。例如，美国在其宪法中明确规定了新闻自由原则。在国家的作用下，美国的新闻业由垄

① 茂名市文化产业商会. 美国文化产业发展的启示[EB/OL]. (2015-09-23) [2023-07-15]. https://mp.weixin.qq.com/s/g2QVpOeGj4NQNW_0X4eYew.

② 茂名市文化产业商会. 美国文化产业发展的启示[EB/OL]. (2015-09-23) [2023-07-15]. https://mp.weixin.qq.com/s/g2QVpOeGj4NQNW_0X4eYew.

断走向竞争，实现了极大的发展。因此，美国新闻业在全球市场上占据超过 75% 的份额的局面离不开其宪法的保障。

除此之外，独立组织如艺术家协会等非政府组织，在文创产业的发展中也扮演着至关重要的角色。尽管美国政府实行了宏观调控，但许多行业仍倾向于通过自我约束机制来管理。文创产业出现了数个独立于政府的行业协会。这样做不仅有助于确保文化政策在其国内更加合理且适当，还有助于制定行业标准和技术规范。这些协会的存在对其文创产业来说至关重要，意义非常深远。

（2）以市场为基础分配文化资源

文化资源的占有方式体现了文创产业的发展模式。与美国自由竞争的市场经济环境相适应，其文创产业在资源配置方面也是以市场为基础的，而不是依据行政方式进行分配。同时，在市场配置中也体现出了价格机制的作用。文化资源中用于营利的部分往往需要交付资源占用费，而不是无偿占用。这样做不仅能够增强文化资源的有效利用，还能够推动文化资源的再次生产和积聚。

（3）民间资本推动文创产业的发展

在美国，文创产业的发展主要依靠市场机制，政府资金的注入较少，私人资本的投资推动了该产业的壮大。迪士尼乐园、好莱坞环球影城和百老汇等文化设施均源自民间的创意，并通过吸引私人资本的投资而得以建立。哪怕是一些通过政府出资而开展的文化项目，也通常会采用董事局的组织形式进行管理和决策。一些专业人士被聘请来负责项目的运营和管理。门票、培训收入和社会筹款等多种方式筹集的资金则是日常经费的主要来源。

得益于民间资本的支持，美国的文创产业基本不受制于资金缺口，同时也激发了更多的竞争，市场中涌现出更加丰富多样的文化产品，更好地满足了人们对文化消费的需求。此外，这也带动了文化资本的再循环，加速了文创产业的发展。除此之外，为了增加文创产业的投资，美国向全球投资者敞开了大门，并积极鼓励外国资本的投入。通过跨国资本的运作，本国文创产业可以得到更迅速的发展。

（4）充分运用高科技优势提升文创产业层次

美国在科技领域拥有显著的优势。为了在文化市场中获胜，其文化企业一直积极采用最新的技术手段，提高产品的质量，提升文创产业的附加值。迪士尼公司巧妙地将科技与娱乐节目结合起来，不断更新内容，使观众得以亲身体验科技的魅力，更深切地认知和感受科技创新的神奇之处。这种设计不仅使其节目更加富有趣味性和挑战性，而且显著提升了企业的经济效益。美国电影业因新科技的应用也受益匪浅，这些新技术为电影注入了无限生机，使得美国电影开始向着规模宏大、场景壮观的发展之路进发，并不断推陈出新，给观众带来震撼的视觉享受，吸引着全球观众前往电影院观看。美国政府在促进科技应用方面扮演了重要角色。他们倡导数字化技术的使用，倾向淘汰已经过时的模拟技术，同时积极推广高科技在产业实践中的应用，不断提升产业的技术水平。

（5）创新精神是文创产业发展的主要动力

美国文创产业的蓬勃发展不仅源于经济的不断发展，还得益于美国创新精神的不懈展现。美国培养了许多优秀的企业家，这些企业家在不断的努力中形成了以创新为核心的企业家精神，并且将这种精神应用到了各行各业之中。鼓励创意、奖励创新不仅是美国企业的显著特点，也反映了美国的国家精神。美国文创产业的众多重大事件，都源自强烈的创新意识。例如，迪士尼乐园以及好莱坞环球影城等的成功建立和奠基，都是依靠这种创新精神的推动而实现的。美国的文创产业之所以能够迅速发展，正是因为这种勇于创新的精神在推动。

3．美国文创产业案例——迪士尼与好莱坞

迪士尼与好莱坞是美国文化与价值观输出最重要的渠道之一。如果说迪士尼的各种卡通形象在悄无声息地影响着孩子们的价值观；那么，好莱坞的电影工业产出则深刻地影响着成年人的认知取向。美国凭借迪士尼与好莱坞，在全球构建了一个巨大的文化生态，以及以文化创意为中心的商业帝国。

好莱坞位于美国西海岸加利福尼亚州洛杉矶郊外。1907 年，一个名叫“塞力格多视镜”的独立电影公司最早来此地拍摄电影。此后，各种电影制作要素不断向此地聚集。如今好莱坞已成为电影公司云集、顶级电影产业人才际会的世界顶级电影产业中心。美国许多著名电影公司，如梦工厂、迪士尼、哥伦比亚、索尼、环球、华纳兄弟等电影巨头均聚集于此。同时，好莱坞又聚集了世界各地大批顶级的导演、编剧、明星、特技人员。奥斯卡颁奖典礼每年也是在此举办。因此，“好莱坞”一词往往直接代指美国电影产业。也正是在好莱坞，以电影为核心的产业最初是向工业化发展的，后来逐步形成了今天文创产业运行的基本样貌。好莱坞不仅是世界电影产业的中心，也是世界文创产业与时尚流行趋势的重要策源地，拥有世界顶级文化创业企业与时尚品牌，代表着全球文创产业的最高水平。

迪士尼全称为华特·迪士尼公司，由华特·迪士尼于 1923 年创立，至今已有百年的历史。随着迪士尼的不断发展壮大，其先后收购了皮克斯动画工作室、漫威电影公司、试金石电影公司、米拉麦克斯等企业。2019 年 10 月，迪士尼在英国博略（Interbrand）品牌咨询公司发布的全球品牌百强排名中排第十位。值得一提的是，迪士尼在美国本土文化资源相对匮乏的情况下，具有强烈的国际视野，善于从不同国家、不同民族的历史文化资源中提取素材，以美国主流文化视角对这些文化资源进行重新解读，并以现代审美特征将其再次重构，进而形成属于迪士尼的文化符号语言。

今天，迪士尼的关注重点早已不限于影视动画的开发，它已成为世界顶尖的文化创意与版权运营巨头，其经营范围涉及手表、饰品、女装、箱包、家居用品、毛绒玩具、电子产品与游戏等多个产业。目前，全球已建成六座迪士尼主题乐园，分别位于美国佛罗里达州、加利福尼亚州，日本东京，法国巴黎，中国香港和上海。

（二）英国

在英国，创意产业是除金融业以外的英国第二大支柱，其优势领域包含创作业、音乐业、设计业、旅游业等。创作业方面，英国文学成就辉煌，有布克奖、詹姆斯·泰特·布莱克纪念奖、英国图书奖等200多个文学奖。音乐业逐渐成为其国家新名片。设计业方面，英国本土有4000多家公司专门从事高品质商业设计，拥有众多自由设计师，定期举办伦敦设计节，全英动漫企业超过300家。旅游业近年在英国异军突起，其趋势是以古堡为载体发展物质文化遗产旅游和以博物馆、艺术馆为载体培育新兴创意文化消费市场。

1. 英国文创产业的发展现状

英国文创产业的发展呈现出以下几个特点。

（1）规模庞大

根据英国政府的数据，截至2019年，英国文创产业创造了超过500亿英镑的GDP（国内生产总值），从业人数超过280万，占英国就业人口的10%。[①]

（2）多元发展

英国的文创产业涵盖了广泛的领域，包括电影、电视、音乐、艺术、设计、出版、游戏等。这些领域各具特色、相互交织，形成了一个多元的文创生态系统。

（3）创新驱动

英国文创产业注重创新，不断推出新产品、新服务。例如，英国的游戏产业在虚拟现实、增强现实等新技术的应用上具有先进性。

（4）国际合作

英国文创产业与许多国家和地区开展了广泛的合作。英国的电影、电视剧在

① 杨光斌．英国新工党政府创意文化产业发展的SWOT分析[J]．四川省干部函授学院学报，2019（2）：4．

全球范围内都具有较高的影响力，成功进入了全球市场。

2. 文创产业对英国经济的贡献

文创产业对英国经济的贡献不容忽视，这体现在很多方面。

（1）GDP 贡献

文创产业是英国经济的重要支柱，为其国内生产总值做出了重要贡献。根据英国政府的数据，文创产业的年增长率高于其他行业，成为推动英国经济增长的重要引擎。

（2）就业机会

文创产业在英国创造了大量的就业机会，提供了丰富多样的职业选择，尤其是对于创意人才和文化专业人士来说，文创产业的发展为他们提供了广阔的发展空间。

（3）品牌建设

英国的文创产业为国家树立了良好的品牌形象。英国的电影、音乐、时尚等在国际上享有盛誉，为英国在全球文化交流中赢得了重要地位。

（4）外汇收入

英国的文创产业在全球市场上具有广泛的影响力，并取得了可观的经济效益。例如，英国的电影在全球范围内都取得了不俗的票房成绩，为国家带来了可观的外汇收入。

3. 英国文创产业的优势

英国的文创产业具有以下优势。

（1）人才储备

英国拥有众多的文化创意人才和专业人士，为文创产业的发展提供了坚实的人才基础。

（2）创新环境

英国有着创新活跃的科研和技术开发环境，为文创产业的技术创新提供了重要支撑。

（3）文化传统

英国有着丰富的文化传统和历史遗产，这些资源成为文创产业的重要源泉。

4. 英国文创产业面临的挑战

然而，英国文创产业也面临一些挑战。

（1）市场竞争

其文创产业市场竞争激烈，尤其是在经济全球化的背景下，来自其他国家和地区的竞争对手很多。

（2）融资

其文创产业的创意项目需要大量的资金投入，但往往融资难度较大。

（3）知识产权保护

其文创产业创造的知识产权价值巨大，但同时也面临着知识产权保护的风险。

5. 英国文创产业案例——J.K. 罗琳与《哈利·波特》

自 1997 年，J.K. 罗琳出版第一本《哈利·波特与魔法石》，截至 2007 年，她陆续完成了 7 部该系列小说。美国华纳兄弟电影公司将这 7 部小说改编成了 8 部电影，使其成为全球电影史上最卖座的电影系列之一，总票房收入达 78 亿美元。演员丹尼尔·雷德克里夫从 12 岁开始饰演哈利·波特，到 2011 年《哈利·波特与死亡圣器（下）》公映，已经长成了 22 岁的青年。他用 11 年的时间，连续饰演了 8 部系列电影中的哈利·波特。《哈利·波特》7 部小说作品与 8 部电影作品伴随了一代人的成长。①

随着《哈利·波特》小说的热卖与系列电影的热映，与《哈利·波特》相关的光盘、玩具、游戏及其他衍生商品也随之在全世界热卖。2005 年，哈利·波特童装与电影同步面世，除此之外，哈利·波特首饰、手表、礼品以及文具用品等都掀起了一股抢购热潮。哈利·波特俨然成为一个世界品牌。据美国《福布斯》杂志估计，其品牌价值已超过 10 亿美元。

J.K. 罗琳通过笔下的哈利·波特，从贫困潦倒、默默无闻到家喻户晓，她被称为“哈利·波特之母”。她与《哈利·波特》的巨大成功，成为世纪之交，英国乃至世界最伟大的“文创”奇迹。《哈利·波特》在世界范围内的大获成功极大地刺激与推动了英国文创产业的发展。

（三）法国

法国作为欧洲文化的重要中心，其文化创意产业在全球范围内具有重要影响力。法国的文化创意产业包括艺术、设计、时尚、电影、音乐、出版等多个领域，其中以时尚和艺术最为著名。法国拥有众多的艺术家、设计师和创意人才，其创造力和创新能力备受瞩目。

1. 法国文创产业发展现状

法国的文化创意产业在过去几十年中取得了显著的发展。根据法国文化部的统计数据，截至 2020 年，法国文化创意产业的总产值达到 3000 亿欧元，占其国

① 潘鲁生，张焱. 文化创意产品设计开发[M]. 北京：中国纺织出版社有限公司，2022.

内生产总值的5%。该产业的就业人数超过100万人，占全国就业人口的4%。这些数据显示了法国文化创意产业在经济和就业方面的重要地位。①

2. 法国文创产业政策支持

法国政府高度重视文化创意产业的发展，并采取了一系列政策措施来支持该产业的发展。法国文化部设立了专门的部门和机构来管理和促进文化创意产业的发展，如法国文化创意产业发展署。政府还提供了财政支持、税收优惠和创业基金等各种形式的支持，以鼓励创意人才和企业的发展。

3. 法国文创产业结构

法国的文化创意产业呈现多元化和复杂性的特点。艺术、设计和时尚产业是法国文化创意产业的核心领域，其中巴黎被誉为时尚之都；此外，法国的电影产业也非常发达，每年有大量的法国电影在国内外上映；音乐和出版业也是法国文化创意产业的重要组成部分；报刊产业源远流长；法国图书业在各国实体书出版发行每况愈下的形势下仍然独树一帜、情况乐观；电视业也是世界领先；舞台表演艺术业中，戏剧得到了政府重点扶持，街头表演大规模发展；旅游和体育产业高度发达。法国文创产业中的优势产业是图书出版产业、电影产业和时尚产业。

法国电影业的成功经验来自管理、投融资和发行，另外就是国际合作模式、艺术电影院线制度和举办有影响力的国际电影节，如戛纳电影节是目前在全球范围内影响力最大的国际A类电影节之一。

法国的时尚产业涉及服装、皮具、香水、化妆品、珠宝等，基本涵盖了人们穿衣打扮和身体护理的所有相关产业。其中，香水和化妆品、高级时装（奢侈品成衣）、高级珠宝是世界领先的。

在法国，有近8%的公司涉及时尚与奢侈品领域，其中有近四成的时尚产品出口，法国时尚产业创造的价值占法国制造业的5%，是法国文创产业的重要组成部分。珠宝是时装的好搭档，在法国，二者的发展密不可分。法国的珠宝品牌处于奢侈品"金字塔"的顶端，享誉全球的顶级品牌有卡地亚、梵克雅宝、宝诗龙等，香水品牌有纪梵希、香奈儿等。

法国的高级定制服装业在发展初期就执行着严格的标准，即使供不应求，也不轻易批量生产，而是坚持手工制作。巴黎的高级手工作坊众多，如刺绣工作坊、羽毛工作坊和纽扣工作坊等。工作坊大多是家族传承，以确保质量如一。

① 法国文化产业国际化的经验及其启示[EB/OL]. (2023-07-30) [2023-07-31]. http://www.360doc.com/content/23/0730/20/1090614698_1090614698.shtml.

法国时尚行业投资人和各大公司都给予设计师充分的自主权，并且注重发掘年轻设计师。政府的扶持力度大，时尚教育也很成熟。法国的艺术院校有直属文化部的国家重点艺术院校、地方级艺术院校和私立艺术学校。

法国时尚产业细分公会相当多，其职责范围极为广泛，其中最具影响力的当属法国高级时装公会。其由三个协会组成：高级时装协会、高级成衣设计师协会、高级男装协会。其成员涵盖了世界各地几乎所有的时尚奢侈品牌，以及众多服装设计大师，是世界时尚业界的权威组织。其举办的巴黎时装周起源于1910年，历史悠久、影响深远。其旗下的巴黎高级时装公会学院是国际时尚界知名学府，培养了如伊夫·圣罗朗、三宅一生等众多时尚大师。

4. 法国文创产业市场规模

法国的文化创意产业市场规模庞大。根据法国文化部的数据，法国的艺术品市场每年的交易额超过100亿欧元，其中包括绘画、雕塑、摄影等各种艺术品。时尚产业的市场规模也非常庞大，法国的时装周吸引了世界各地的时尚爱好者和买家。

5. 法国文创产业案例——老佛爷百货与巴黎春天百货

老佛爷百货公司与巴黎春天百货公司都是巴黎市中心久负盛名的购物中心。这两个购物中心，自创建之初，就以超出传统意义的商业购物功能定位，成为法国历史和文化不可或缺的重要“容器”。

老佛爷百货采用了一个策略，即专注于吸引小顾客，将他们作为未来客户群体的基础。每当圣诞节即将到来的时候，老佛爷百货公司总是会以一个童话故事为主题为孩子们提供特别的体验，这已经成为该商场最显著的特色。每年圣诞节，两家百货公司均会耗费巨资，聘请一流设计师为其打造主题橱窗，橱窗展示集声光电多种方式，妙趣横生，游客人流如织、争相观看，成为巴黎一道独特的风景线。

在两家百货公司中几乎可以找到世界上所有的顶级奢侈品品牌。同时，法国则是世界奢侈品品牌的重要策源地，世界十大奢侈品品牌中，法国品牌占四个。所谓奢侈品品牌，本质上就是“文化创意品牌”，是以独特深厚的文化底蕴向产品赋能的成功案例。

（四）日本

日本被誉为“动漫王国”，是全球最大的动漫制作和出口国。根据数据分析，全球范围内，日本动漫作品在各类播出平台所占比例超过60%。在欧洲地区，这一比例更是高达80%以上。

在日本的文创产业中，动漫尤其吸引人们的目光。如今在日本社会的各个领域，都能看到动漫人物形象的存在，早已不再局限于图书和电视等特定媒介。实际上，动漫产业已经成为日本经济中不可忽视的一部分，其对日本GDP的贡献已经超过了汽车工业。日本的动漫产业现已成为日本的支柱产业，这得益于其年营业额高达230万亿日元的强大基础。

日本培养了大量杰出的漫画大师、动漫导演及热衷于动漫创作的人才。随着电视和网络媒体的广泛应用和不断进步，它们成了日本动漫市场蓬勃发展的关键。动漫产业的发展速度和独特价值使其成为促进财富增长的“资本孵化器”。

在日本动漫产业中，制片人负责制作，代理商负责推广和营销，而影视系统则负责放映。企业可以购买卡通动画形象，然后用它们来开发衍生产品，之后把这些产品卖给消费者。目前国际公认的动画市场的层次主要有3个：一是播放动画的市场；二是相关商品如图书和音像制品的市场；三是以卡通形象为基础的衍生产品的市场，如衣服、玩具、饮料和生活用品等。相较于前两个层次，最后一个层次的周期更长，且有更为深远的市场反响。动画片作为商品不应孤立存在，而是应该成为整个产业链和周边产品的宣传推广工具。例如，在开始制作动画片之前，相关公司就开始制订周边产品的开发计划了。动画片的播放使得相关产品的销售量急剧上升。

衍生产品为日本带来了巨大的经济效益，这使得他们能够向欧美电视台提供免费的动画节目。由于一些日本动画片在全球市场上大受欢迎，全球开始流行起了日本动画的形式和风格。鉴于全球掀起的对日本动画的追捧热潮，不少好莱坞电影公司则争相购买其电影改编权。日本动画产业的海外销售额急剧攀升。

1. 日本创意产业发展现状

（1）以设计提升产业附加值

亚洲各国正逐渐意识到，由于全球经济疲软，要想提高商品竞争力就必须重视设计。为了增强企业的竞争力，日本经济产业省在政府的支持下，实施了一系列举措，其目的是振兴产品设计。日本拟定了许多策略去推进品牌设计，其中包括编制和运用设计战略的成功案例集，同时会找出其成功的原因；开展研讨会，向企业经营者介绍设计的重要性；并在海外举办展示会，向人们展示高品质商品等。日本为中小型企业的设计师提供设计、企划、开发的支持，其中包括派遣专业的设计师、提供初期的投资资金等；创建和完善设计情报基础设施，具体包括整合过去的设计信息并搭建检索系统、整理设计师的个人信息，以及开发计算机设计平台等方面；加强保护设计专利权和其他相关权利；提供设计管理、高级经营管理等方面的培训，以培养具备行动力的人才，支持在教育机构设立智慧财产课程，举办学生竞赛；提高国民的社会责任感。针对日本企业在设计管理和人才方面的短板，日本制订了一项培训计划，目的是培养更多的专业人才。此外，对于设计交易的规范化制度以及设计保护相关的法律体系也逐渐在日本建立。

（2）数字内容产业成为日本的重点战略

从过去到现在，日本的数字内容产业一直是亚洲各国的领头羊，各类数字内容的生产和销售，如漫画、电影等，不仅为日本带来了大量的外汇收入，也促使周围的国家加快了追赶的步伐。数字内容产业的规模约为汽车产业规模的一半。以《神奇宝贝》这部广受欢迎的动画片为例，据估计，它在电子玩具、电视动画、电影动画、玩具和服装用品等领域带来的直接市场效益大约为 1 兆日元。如果再加上海外市场的盈利，该市场收益可达 2 兆日元。目前，日本数字内容产业的发展目标是促进业界现代化、合理化，该目标的实现必须有充足的资金、人才和技术支持，为了做到这一点，日本出台了 4 项改革方案，如下所示。

①支持业界之现代化及合理化

奖励、支持、改善和透明化契约方式；建立奖励制度以激励专业人才在经营、法务、财务等领域发挥其高水平的专业能力；推行独占法，加强竞争政策的实施；企业可以通过灵活的价格设置来获得发展机会。

②资金调度手段之多样化

扩展各种资金管理方法以推动数字内容产业中制作方面的融资制度的改善；实施促进数字内容事业中制作方面的投资制度，进行情报公开等促进投资及融资等环境整备事业；对于数字内容事业的制作及投资给予税制上的优惠。

③人才培育之强化

支持高等教育机关进行企划人、制作人等方面的人才培育计划；支持设立影像产业振兴机关。

④支持并加强普及新技术之研究开发

支持以计算机视觉设计技术为首的先端影像技术的相关研究开发；促进电影制作、流通及上映等过程的数字化；支持宽屏幕技术的研究开发；支持数字内容流通技术的研究开发。

2. 日本文化创意产业发展路径

加强教师对文化创意产业的认知，使教师充分意识到该产业在经济领域中的重要性，同时拓展创意产业相关学科的范围，以培养更多专业人才。

鼓励公营机关使用文化创意产品，或提供财务支持来推动企业的研究和开发，以增加文化创意产品的销售量。

促进当地产业商品走向国外市场，同时加强国内外知名艺术家之间的文化交流。

通过给予奖励来促使地方企业积极参与文化创意产业活动。

积极地促进民间团体参与文化创意活动的计划和推行，同时充分利用民间财团法人的资源，以丰富活动内容。

积极开展各类调查研究，以探索新的商品需求，并通过宣传和公布调查结果，提高公众对市场的理解和认知。

提供研发经费的补贴或税务方面的优惠政策，以支持新兴文化创意产业的繁荣发展。

3. 日本文创产业案例——2020 年东京奥运会

2021 年 7 月，日本东京终于迎来了第 32 届夏季奥林匹克运动会，又称 2020 年东京奥运会。如今的奥运会早已不仅是体育的盛会，更是文化的盛会、创意的盛会，成为举办地集中向世界展示国家形象、文化魅力与设计创意能力的重要平台。

哆啦 A 梦是东京奥运会的申奥大使，“哆啦 A 梦”在日语中的意思为“守护天使”。作为申奥大使，它经常出现在相关的申奥活动、网页宣传中。据东京奥运会组委会介绍，哆啦 A 梦体现了日本的一些核心价值观，包括尊重与友谊，而这也是奥林匹克运动会的价值观。

2018 年 2 月 28 日，2020 年东京奥运会吉祥物在日本东京公布，配有奥运会会徽图案的富有未来感的机器人吉祥物方案获得最高票数。2018 年 7 月 22 日，东京奥运会组委会公布吉祥物名称，寓意充满永恒、希望的未来。其奥运会吉祥物重视传统有其古朴的一面，同时也十分机灵，它正义感爆棚、运动神经超强，还有瞬间移动的超能力。

日本东京申办 2020 年奥运会宣传片表现了日本不同行业从业者精益求精的敬业姿态，以及谦和、友善的性格形象。通过平凡生活中的日常工作瞬间，展示了一个很“酷”的日本形象。东京奥运会开幕式主火炬台由加拿大日裔建筑师佐藤大设计，整体呈球形，分上下两半展开，上下半球各有 5 片“叶子”，象征着奥运五环。当火炬手接近时，主火炬的球形慢慢展开，象征太阳，也象征着植物发芽、花朵盛开的勃勃生机。

二、我国文创产业发展的现状

在信息化时代，一个国家的经济命运会与这个国家对文化资源和文化产品的创意开发紧密相连。文创产业已经不仅是一种能够创造巨大经济效益的直接现实，更成为各个国家的文化发展策略。

2010 年，中国经济规模超过日本，成为世界第二大经济体。目前，我国社会的主要矛盾已经由“人民日益增长的物质文化需要同落后的社会生产之间的矛盾”转化为“人民日益增长的美好生活需要和不平衡不充分的发展之间的矛盾”，人民需求层次开始由物质丰裕向精神丰裕过渡。这种主要矛盾的转化及需求升级，必然要求产业升级。另外，我国是世界制造业大国，一些传统行业资源消耗大、污染严重且产能过剩，迫切需要结构调整、经济发展模式转型。文创产业因科技含量高、资源消耗低、环境污染少而具备低能耗、高附加值、绿色环保等特征，为国民经济的转型升级与提质增效提供有力支撑，在推动国民经济保持中高速增长方面发挥越来越重要的作用。

我国 5G 发展进入快车道，大数据、人工智能等新一代信息通信技术快速发展。就全球范围来说，社会正在从信息化时代走向智能化和数字化。在这样的背景下，我国一批文创服务平台正在积极构建云端的文创产业园。新技术与内容产业深度融合，突破文化资源传播形态与空间的边界，促使文化消费向虚拟式和沉浸式发展，新业态不断涌现。

目前，影视、动漫、文学领域的精品 IP 不断涌现，游戏、国漫、剧集、网文等纷纷“出海”。科技 + 传统文化、创意 + 传统文化等，是文学、影视、动漫的新样态，为中国文创“出海”提供领先载体。传统文化通过科技呈现出更高级的形态，我国文创产业的出口规模正在不断扩大。

优质内容走出了国门，开拓了海外版权市场。例如，《我就是演员》原创节目与美国 IOI 公司签署了模式销售协议，开创了国产综艺向欧美输出的先例。《延禧攻略》版权输出到 90 多个国家和地区，其广告收益、海外版权收益都创了新高。我国自主研发的网络游戏实现海外销售收入近 50 亿美元。内容产业在海外的推广对于推动我国文化走出去、增强文化自信具有重要意义。积极促进文化创意及设计服务的发展是非常重要的措施，其可以培育新的经济增长点，提高国家的文化软实力，并促进产业竞争力的提升。同时，该措施也要求我们积极推动经济创新，促进经济结构的调整和转型，以加快我们从“中国制造”阶段向“中国创造”阶段的过渡。此外，通过促进文化创意及设计服务的发展还可以推动产品和服务的创新和升级，促进新兴产业的发展，带动就业增长，满足消费者不同的需求，提高人民的生活水平。由此可见，文创产业在国民经济发展中有着重要的作用与地位。

文创产业广阔的市场空间吸引着越来越多的投资者和创新创业企业的加入，各大细分领域都有企业大量涌现，文创产业已经上升为国家战略。在可预见的将来，文创产业必将成为引领我国国民经济发展的重要推动力量。

（一）我国发展文创产业的意义

1. 文创产业对我国经济的意义

文创产业不仅仅是一个新兴产业，也不止于制造和销售文创产品，更重要的是，它可以激发传统产业的创新能力，从而使我国经济结构进行更广泛的系统性创新。

2. 文创产业对我国国际形象的意义

发展文创产业能够使我国在全球市场掀起“汉风”热潮。尽管全球经济危机带来了一些影响，但我国经济始终保持蓬勃发展，我国在国际舞台上的地位与影响力也日益提高，这使得汉学备受国际社会的瞩目与重视。

通过创造“汉风”风格的产品和服务，文创产业可以将我国深厚的文化底蕴传达至国际市场，进而为传统制造业在国际市场开拓更广阔的空间，促进新兴产业如新媒体、动漫、网游等的迅速发展。这些产业不仅在传承中华文化和价值观方面发挥了重要作用，同时也在国际交流中扮演了重要角色。这有助于提高我国的国际声誉和形象，并加深其他国家对我国的了解。

3. 文创产业对文化传承的意义

随着国民经济持续快速增长，我国居民消费结构升级换代、产业结构下游化发展，此时人们的消费需求升级，精神需要变得更丰富，加之我国庞大的人口基数，导致了中国文化市场正在呈几何级数增长。文创产业不仅丰富了文化市场的内容和形式，还促进了文化市场向更多元化、更现代化方向发展。文化的传承与发扬必须面对新一代年轻人，枯燥乏味的信息和僵化保守的产品无法赢得他们的关注和喜爱。因此，文创产业对于建立文化传承的有效体系、弘扬民族文化有着重要的意义。

（二）我国文创产业的分类

我国的文创产业可以分为文化艺术、创意设计、传媒产业、软件及计算机服务这四类。我国的文创产业正在全面发展，它不仅在内容上呈现多样化的特点，而且形式也十分多样，充分展示了其广阔的拓展面。

1. 文化艺术

文化艺术是由表演艺术、视觉艺术、音乐创作等各种形式的艺术组成的。

（1）表演艺术

表演艺术是通过演员的演唱、演奏或人体动作、表情等，塑造形象、传达情绪和情感，从而表现生活的艺术。其最具代表性的门类通常有戏剧、音乐、舞蹈等。

尽管表演艺术行业是一门传统的产业，历史很长，但在今天仍凭借其直观的艺术形象、独特的表现方式，在文化消费市场始终占有不可忽视的地位。

新时代的表演艺术应以多元文化为基础，兼具传统、现代和先锋元素，呈现出新颖别致的艺术形式；借助先进的科技设备与舞台或其他特殊场地相结合，为观众呈现集视觉、听觉于一体的艺术盛宴；还可以设计独特的互动交流形式，引导观众感受表演的独特氛围。

表演艺术文化创意是指涉及戏剧（剧本创作、戏剧训练、表演等）、音乐剧、歌剧（乐曲创作、演奏训练、表演等）、音乐的现场表演及作词作曲、表演服装设计与制作、表演造型设计、表演舞台灯光设计、表演场地及表演设施经营管理、表演艺术经纪管理、表演艺术服务、艺术节等的一系列创意活动。

表演艺术文化创意大致包括小品、戏剧类创意和音乐剧、歌舞剧类创意。在影视播放、音像制作以及图书出版等行业快速发展的时候，舞台表演艺术的创作却遭遇了瓶颈，面临着巨大的困境。其困境产生的根源在于，文化消费方式的改变使得舞台表演艺术的消费需求严重下降；随着时间的流逝，国有艺术院团的数量日益减少，致使生产经营的竞争力不足；非官方的职业剧团数量不多，规模相对较小，且其制作和演出能力相对较为有限。

（2）视觉艺术

视觉艺术是一种运用不同的物质和材料，创作出具有可见艺术形象的艺术形式。艺术形象可以通过绘画作品或雕塑展示在二维平面或三维空间中，呈现为静态或动态的视觉影像。

视觉艺术可以通过视觉来感知，具有不同于听觉艺术的特点。传统的视觉艺术包括绘画、雕塑、服装和摄影等不同领域的艺术表现形式。

虽然影视艺术、动漫艺术和环境艺术的历史相对还不够悠久，但它们已经展现出了极为重要的影响力。影视和动漫这两种艺术形式都融合了视觉和听觉元素，是一种综合艺术。

近年来，环境艺术获得了越来越多的关注，成为一个备受瞩目的学科。在城市环境规划中，它发挥了极其重要的作用，推进了人类生活水平的提升，同时也让城市环境更好地适应人们的需求。

文化创意艺术品，特别是文物类艺术品，以其深厚的文化积淀成为发展文创产业的重要力量。经过多年来的培育，中国艺术品市场逐渐成为中国经济最有活力的组成部分之一，并在世界艺术品市场中崭露头角。

艺术品投资收藏文化创意大致包括投资收藏类创意、艺术品经营品牌创意、艺术品交易和服务类创意。

（3）音乐创作

音乐是一种艺术形式、文化活动，其媒介是有组织的、有规律的声波（机械波的一种）。

音乐的基本要素，包括强弱、时长、调性、音色等。这些基本要素相互结合，形成了音乐的常用“形式要素”，如节奏、曲调、和声，以及力度、速度、曲式、调式和织体等。构成音乐的形式要素就是音乐的表现手段。不同类型的音乐强调的是不同的元素。

音乐是用各种各样的乐器和声乐技术演奏的，分为器乐、声乐以及将唱歌、乐器结合的作品。

声乐作品可根据其形式、风格的不同，分成歌曲、说唱音乐、戏曲音乐和歌剧等不同体裁。歌曲是一种小型的音乐体裁，包括民歌、通俗歌曲、艺术歌曲和儿童歌曲等。其从形式上可分成独唱、对唱、合唱、齐唱和联唱等。说唱音乐是指曲艺音乐，包括单弦、大鼓、二人转、清音、评弹、数来宝、琴书等。戏曲音乐包括京剧、豫剧、越剧、花鼓戏、黄梅戏、评剧、采茶戏等。歌剧音乐也是一种戏曲音乐，但不像戏曲音乐那样有固定的程式和传统的唱腔，是作曲家使用民族音调和富有时代色彩的音乐语言创作的戏剧音乐。

器乐作品可分成独奏曲、重奏曲和合奏曲。几乎各种乐器都有独奏曲。中国的二胡、琵琶、笛、箫、葫芦丝、板胡、唢呐、笙、扬琴、古琴、筝、柳琴、木琴等，都不乏名曲。西洋乐器中，以小提琴、钢琴、电子琴、吉他等乐器的独奏曲为多。重奏曲在中国民间不太多见。欧洲的弦乐四重奏、木管五重奏等有很多优秀作品问世。

音乐按旋律风格，可以分为古典音乐、流行音乐和民族音乐。音乐作为一种文化活动，其内容包括音乐作品的创作（歌曲、曲调、交响曲等）、表演、对音乐的评价、对音乐历史的研究以及音乐教学。

2. 创意设计

创意设计指计划、构思、设立方案，也含有意象、作图、造型之意等。创意设计涉及的范围比较广，应用也很广泛，包括服装设计、广告设计、建筑设计、项目策划等。

（1）服装设计

服装设计包括平面绘图设计、配件设计、时尚摄影和时装模特塑造等。服饰设计涉及美学、艺术、心理学、生理学、材料学、市场营销、色彩及人体工学等学科，属于工艺美术范畴。它是将实用性与艺术性相结合，运用一定的思维形式、美学规律与设计程序，将其设计构思以绘画的手段表现出来，再选择适当的材料，通过裁剪和缝制，使其实物化的过程。

（2）广告设计

广告设计包括广告创意、促销活动、公关推动、媒体计划、广告素材营造等。广告创意的特征目前在学界和业界还没有统一的说法，这是广告创意本身丰富多变的内涵所致的。它既有科学性，也有艺术性，讲究实效性和求异性。

广告文化创意大致包括广告设计类创意、新媒体类创意和新市场类创意。广告创意体现在广告内容的构思、载体的选择和文字的运用等多方面。

传统的平面广告媒体种类繁多，涉及报纸、杂志、书籍、画册、海报、招贴画、宣传单页、票券、电话簿、商品目录、明信片、横幅旗帜、产品包装等方面。电视广告创意和广播广告创意可以通过表达形式、发音和后期制作来实现。

新媒体从传播学范畴来说，是一种新的媒介形式，区别于报纸、广播、电视等传统媒体。新媒体的媒介形式包括计算机、平板电脑、手机、交互式网络电视以及虚拟现实（VR）和增强现实（AR）等。

近几年我国新媒体的平台里，发展较好的有新浪微博、微信、抖音、快手、知乎、今日头条和小红书等。

新媒体的功能发生了转变，从最初的通信功能到信息服务的媒介功能，再到审美娱乐、游戏体验的文化功能，最后到身份书写的符号功能和象征功能，是电子工业到信息技术，再到媒体技术与文化艺术的转变，最后在魔幻艺术、身份符号中从文化艺术走向内容产业、文化资本与文化经济，走向知识服务业的尖端与前沿。

除了数字新媒体，其他新媒体广告的载体也值得关注，如户外广告，包括楼宇广告、电梯广告和公交广告等多种多样的形式。

户外广告发挥创意的空间巨大，选择的载体可以是意想不到的路灯甚至是井盖，形式和内容的创新会让人印象深刻。如一则户外广告设计是，当人们来到广告牌下面遮阳时，就能看到广告牌上面的广告内容了。有创意和实用价值的广告会比较受欢迎，广告的到达率也会很高，效果更好。

（3）建筑设计

建筑设计是指建筑物在建造之前，设计者根据建设任务，把施工过程、使用过程中存在的或可能发生的问题，事先制定好解决办法、方案，用图纸和文件表达出来，以此作为备料、施工组织工作和各工种在制作或建造工作中相互配合与协作的共同依据。

它有利于整个工程在预定的投资限额范围内，按照周密详细的预定方案顺利进行。在近代，建筑设计与建筑施工被分离开来，成为独立的专门学科。

（4）项目策划

项目策划创意大致包括品牌营销类创意、娱乐产业项目类创意、节庆会展类创意、活动类创意和设计类创意。其中，体育休闲的文化创意包括体育赛事类创意、文化旅游类创意和体验消费文化创意等。

3. 传媒产业

传媒产业包括出版、电影及录像带、电视与广播等。其中，出版的核心产业活动为文学创作、书籍出版、期刊出版、报纸出版、杂志出版、数字内容出版等。传媒产业文化创意包括互联网门户类、网络游戏产业类、时尚类和网络文学类创意。

（1）手机出版

手机出版物包括彩铃、彩信、手机报纸、手机期刊、手机小说、手机音乐和手机游戏等。

手机出版是传统数字出版转向智能数字出版的一个标杆，也是传统数字出版以移动网络和智能移动设备的普及为基础，结合互联网技术、计算机技术、流媒体、云存储等先进的科学技术，整理、优化、加工原有版权内容的一种出版形式，主要呈现给用户的方式为手机应用软件（App）。

（2）数字出版

数字出版是指利用数字技术进行内容编辑加工，并通过网络传播数字内容产品的一种出版形式，其特征有内容生产数字化、产品形态数字化、传播渠道网络化和管理过程数字化。

目前，数字出版产品形态主要包括电子图书、数字报纸、数字期刊、数字音乐、数据库出版物、网络原创文学、网络教育出版物、网络地图、网络游戏、网络动漫等。需要注意的是，手机出版也是数字出版的一种特殊形式。

数字出版产品的传播途径主要为有线互联网、无线通信网和卫星网络等，其优势有成本低、存储量大、搜索便捷、传输快速、环保低碳和互动性强等，已成为出版业发展的主要方向。

数字出版的范畴包括原创作品的数字化、编辑加工的数字化、印刷复制的数字化、发行销售的数字化和阅读消费的数字化等。

数字出版涉及版权、发行、支付平台和最后具体的服务模式，它不仅仅指直接在网上编辑出版内容，也不仅仅指把传统印刷版的东西数字化，又或者把传统的东西扫描到网上，真正的数字出版是依托传统的资源，用数字化这样一个工具进行立体化传播的方式。

（3）影视产业

影视产业的核心产业活动包括剧本创作、制作和展演等。

剧本创作的创意体现在很多方面，如人物性格的发现与构成方面的创意，包括性格魅力、性格深度等；人物设置与剧作构思方面的创意；刻画性格的艺术方法和手段方面的创意，如动作描写、心理描写、性格的艺术对比，还要为表演留下创作的空间。

影视文化类创意包括电影文化创意、电视文化创意、综艺节目文化创意和影视结构文化创意。

（4）图书出版

图书出版文化创意大致包括图书选题的创意、图书市场发行的营销创意、畅销书和常销书的出版创意等。

（5）新闻媒体

新闻媒体类文化创意包括报纸类、期刊类、广播电视类、网络传媒类、通信类和新闻传媒集团类等。

4. 软件及计算机服务

软件及计算机服务包括软件开发、软件维护、系统设计、动漫游戏设计、信息服务研发等。

智能化是在海量信息基础上实现知识的自动识别，赋予信息系统自适应的能力，大幅提高资源配置效率。软件的竞争已经从单一产品的竞争发展为平台间的竞争，未来软件产业将围绕主流软件平台构造产业链。融合化趋势催生了大量新技术、新业态和新模式，创造了巨大的市场需求。

（1）软件开发

软件开发是根据用户的要求建造软件系统或系统中的软件部分的过程，包括需求获取、开发规划、需求分析、软件设计、编程实现、软件测试和版本控制的系统工程。

软件开发包括研究、修改、复用、重新设计（再工程）和维护等活动，通常采用软件开发工具进行开发。

由于互联网的普及，计算机、手机等终端或设备上的软件应用涵盖了各个类型和领域，如企业软件、游戏软件、社交软件等，软件开发的市场需求旺盛，市场空间巨大，市场潜力无限。软件开发的相关职业有很多，如手机游戏开发、网络游戏开发、电子商务开发、电子政务开发、嵌入式开发和中间件开发等。

有些人会把编程看作软件开发。的确，编程和软件开发有很多的共同点，如二者都属于开发领域，而且二者的核心工作都是代码的编写。但它们也有不同，如软件开发的工作比编程更为复杂，比编程有更多的工作流程。编程可以说是软件开发的一部分，不涉及设计、测试、售前、售后等工作。

（2）动漫设计

我国的动漫起源于20世纪20年代，起步并不晚于美日韩。但在发展过程中国漫陷入了40年的“倒退期”，一度沦为国外的动漫制作代工厂。目前在政策、资本和技术等的助推下，国漫再次崛起，优质作品层出不穷。

动漫产业文化创意大致包括动漫创作类创意、动漫出版物类创意、关联产业类创意（如动漫玩具）等。

我国在深圳、杭州、宁波、无锡和长沙等城市，先后设立了19家国家级动画基地。我国动漫产业市场庞大，动漫产业将成为未来我国经济增长的热点和我国各城市发展创意产业的突破口。

（3）信息服务

信息服务是利用计算机和通信网络等，对信息进行生产、收集、加工、处理、存储、传输、检索和利用，并以信息产品为社会提供服务的综合体。

信息服务指服务者以独特的策略和内容，帮助信息用户解决问题的社会经济行为，包括生产行为、管理行为和服务行为。

信息服务是信息资源开发利用，实现商品化、市场化、社会化和专业化的关键。信息服务可分为三大类：信息传输服务业；IT服务业，即信息技术服务业；信息资源产业，即信息内容产业。

信息服务包括系统集成、增值网络服务、数据库服务、维修培训、电子出版、展览、咨询服务等方面的业务。

（三）我国部分地区文创产业发展现状

政府明确提出重点鼓励、支持文创产业发展的城市包括北京、上海、天津、重庆、大连、南京、苏州、成都、西安、广州、深圳、青岛、杭州、长沙和昆明等。这些城市纷纷出台了推动文创产业发展的具体措施。

1. 北京

（1）北京文创产业结构现状

作为全国政治经济文化的中心，北京市成立了文创产业领导小组，出台了多个扶持政策，启动了创意产业专项资金用于文化创意产业，形成了多个文创产业集聚区，分别是北京数字娱乐产业示范基地、中关村创意产业先导基地、德胜园工业设计创意产业基地、798 艺术区、国家新媒体产业基地、东城区 77 文化创意产业园。

文创产业正在成为北京的主要经济支柱之一。北京的文艺演出、新闻出版、广播影视、文化会展、古玩艺术品交易在全国文创产业中具有明显优势。其中，艺术表演团体、演出经纪机构的数量均居全国之首，各种出版物品种、电视剧出品集数、电影产量和会展数量约占全国总量的 1/2。

北京市有几个重要的文化中心，包括全国文艺演出中心、全国出版发行和版权贸易中心、全国影视节目制作和交易中心、全国动漫和互联网游戏研发制作中心、全国文化会展中心、全国古玩艺术品交易中心等。

①全国文艺演出中心

北京通过统筹规划、合理布局营业性演出场所，以长安街沿线现有国家大剧院等密集的文化资源为基础，构筑了辐射周边街区的相对集中的文艺演出功能区。

②全国出版发行和版权贸易中心

北京推进发行集团等单位的体制改革，同时大力发展音像、电子和互联网出版，使自身成为全国的出版中心、最主要的出版物集散地、最大的零售市场。

③全国影视节目制作和交易中心

北京通过重点培育和扶持大型影视文化企业，大力发展移动电视，在朝阳区建设北京影视城和影视节目制作基地。

④全国动漫和互联网游戏研发制作中心

北京通过设立专项扶持基金和奖励基金，构建动漫和互联网游戏产业链，推动北京派格数字文创产业基地建设，推动互联网企业建设和品牌经营。

⑤全国文化会展中心

北京充分发挥国家博物馆、美术馆、中华世纪坛艺术馆等标志性文化设施的功能，进一步推进文化会展的国际化、专业化、品牌化。

⑥全国古玩艺术品交易中心

北京在王府井步行街、西单商业街等繁华街区设立艺术家展示区，建设京城百工坊，形成国内最大的工艺美术品研发生产基地；以琉璃厂大街、南新华街为主体，建设琉璃厂文创产业园区；以地摊特色的潘家园旧货市场为核心，建设包括北京古玩城等在内的潘家园文创产业园区。

（2）北京文创产业的经济现状

以“创意创新创造美好生活”为主题的2023中关村论坛系列活动——创意城市发展论坛在北京举行。论坛上发布的《北京文化创意产业发展报告（2023)》指出，北京需要进一步构建“高精尖”文化创意产业体系，争创全国文化和旅游消费示范城市、培育文化创意产业发展新功能。

《北京文化创意产业发展报告（2023)》重点跟踪研究了北京文化创意产业的发展态势。数据显示，2022年，北京市规模以上文化及相关产业法人单位实现收入合计17997.1亿元，与上年持平。总体来看，北京市文创产业发展呈现出强大韧性和良好态势。2023上半年，北京市规模以上文创产业收入9535.3亿元，文创产业复苏加快，呈现繁荣发展态势。

报告指出，北京市坚持“科技为文化赋能，文化为城市赋能”的总体思路，聚焦精品生产，推动文创产业园区高质量发展，取得了显著成效，越来越多的文化产品与文化服务为人们带来了全新的精神体验。北京市文化创意产业呈现出传统文化复兴、数字技术注入新活力、文化新消费不断涌现等特色亮点。

论坛还发布了《中国创意产业发展报告（2023)》。该报告以“文化创意赋能乡村振兴”为主题，主要关注各入选城市如何通过突出地域文化特色，开发文化旅游项目和产品，挖掘活化乡土文化资源，将文化乡创融入农村农业生产活动中，推动传统农业提升为创意农业，让文化创意赋能乡村振兴。该报告显示，2022年，我国文化及相关产业保持平稳增长态势，规模持续扩大，全年实现营业收入165502亿元，比上年增加1698亿元，资产总量保持增长，资产规模超过31万亿元。文创产业投资规模继续扩大，文化新业态发展收入占比超过30%，产业结构不断优化。报告指出，文化创意赋能乡村振兴形式多样，乡村旅游魅力经久不衰，乡村非物质文化遗产的保护与开发利用方兴未艾，科技创新为乡村振兴注入了新的活力，文化艺术下乡提升了乡村品位，产业发展激发了乡村文化的内生动力。

今后几年，加强农文旅深度融合，既是文创产业发展的必然趋势，也是推进更高水平乡村振兴的时代要求。①

2. 上海

（1）上海文创产业结构现状

上海比较成熟的创意产业的集聚地有这几个：一是位于杨浦区的城市规划、建筑装潢设计一条街，依托同济大学土木建筑专业的人才技术优势而形成的产业基地；二是位于普陀区的以画廊和艺术家工作室为主要特色的春明创意产业园区；三是位于静安区的上海市新型广告动漫影视图片产业基地；四是位于黄浦区的上海市工艺品旅游纪念品设计展示交易基地；五是位于虹口区的以现代绘画设计展示为特色的大名仓库；六是位于长宁区，依托东华大学和上海工程技术大学服饰学院，以时尚服装设计、展示为主要特色的产业基地。

上海时装周于2003年正式举办，始终坚持“立足本土兼备国际视野”和“创意设计与商业落地并重”的特色定位，打造多维细分发布平台、举办商贸订货展会，助力拥有出众设计和精良品质的服装服饰品牌扩大市场影响，通过发挥时装周的平台效力，形成产业链上下游的协同联动，成为带动中国时尚产业发展不可或缺的重要助力。上海时装周以振兴民族品牌、拉动内需为己任，立足上海，辐射长三角地区，服务全国。上海时装周作为中国原创设计发展推广的优质平台，历年吸引了众多国内优秀的自主品牌参与，尤其是每一届的时装周的主秀场的首场秀演，都是由本土的原创品牌参与的。上海时装周以时装发布为核心，促进珠宝配饰、汽车、化妆品等时尚范畴内的产品进行跨界合作，充分挖掘作品的多元价值，成为推动上海创意产业发展的一面旗帜，成为中国时装周里的翘楚。上海时装周联动了纺织服装产业链上下游，促进以纺织服装为主导的创意设计、营销策划、品牌推广及终端消费等产业的协同发展。

（2）上海文创产业经济现状

2023年上海市文化创意产业推进工作会议透露，2022年，上海市文创产业总产出占全市GDP的13%左右，文创从业人员人均产出达170万元。2023年，上海将加大文创领域新技术、新业态、新趋势研究，培育智慧旅游、智慧文博等数字文创新业态，跑出跨界发展“加速度”。2023年，“数字赋能”与“跨界融合”

① 中国社会科学网．创意城市发展论坛暨蓝皮书发布会在京举行[EB/OL]．(2023-10-25)[2023-11-15]．https://www.cssn.cn/skgz/bwyc/202310/t20231025_5692748.shtml.

将成为上海文创产业全年工作的“关键词”。[①]

上海加强重点产业前瞻布局，抢占产业新赛道，筹建数字文创暨“元宇宙”产业联盟，构建文创“元宇宙”产业研究、产业生态和项目落地体系；大力发展以内容科技为特质、以在线经济为引擎的数字文创产业，推出一批数字景区、数字场馆、数字阅读、云上服务、智慧治理等应用场景；研究制定支持文创园区高质量发展相关政策，完成新一轮评定工作，共认定市级文创园区（含示范园区）160 家、示范楼宇 20 家和示范空间 36 家。

2022 年，上海市市级文创产业发展扶持资金全年投入 30128.4 万元，共扶持 777 个文创项目，扶持重点向数字化转型等新兴领域、向中小微文创企业倾斜。今年将继续加大对“元宇宙”“虚拟数字人”等数字文创项目的扶持力度，重点支持一批助力设计之都建设的新兴项目，促进潮流、绿色、健康、智能的时尚消费。

3. 湖南

湖南省委、省政府制定了一系列促进文创产业发展的政策措施，优化了文创产业发展环境，其文创产业得到了持续、健康、快速发展，产业规模不断扩大，产业实力颇具影响。湖南省大力实施精品名牌战略，初步形成了在全国颇具影响的“广电湘军”“出版湘军”“动漫湘军”等品牌，湖南卫视收视率在全国各电视频道中常年居前几位。

（1）产业规模不断扩大

近年来湖南文化创意产业处于不断上升的态势，增长幅度不断加大，文化创意产业已经成为湖南省经济发展的支柱产业之一，进入全国第一方阵，在中西部排名第一。

（2）产业布局趋向合理

从空间布局来看，湖南初步形成了以长株潭两型示范区为中心，结合潇湘流域、京广线、大湘西三个特色产业带，形成互相呼应的一区三带区域产业格局。从产业布局来看，湖南省初步形成以新闻出版、广播电视、演艺娱乐、报刊业四轮驱动，以旅游和会展业两翼齐飞的新形态，共同推动湖南文化创意产业发展。湖南的产业结构多元发展，基本确立了以广电、出版为龙头的产业框架，初步形成了包括广播、影视、出版、报刊、文娱演艺、动漫、网络等在内的产业体系，

① 文汇报. 锚定数字经济“核爆点”，上海打造文创产业高质量发展“新引擎”[EB/OL]. (2023-04-06) [2023-11-15]. https://whlyj.sh.gov.cn/cysc/20230406/42ae966effce47d1aa598943433405b1.htm.

实现了文创产业资源的初步整合。

（3）品牌构建初有成效

在第二届中国文化品牌价值排行榜中，浏阳花炮、湖南出版投资控股集团、湖南卫视、快乐购等 5 个湖南品牌成功进入 50 强；湖南电广传媒股份有限公司、中南出版传媒集团股份有限公司、拓维信息入选第三届全国文化企业 30 强；湖南电广传媒股份有限公司、中南出版传媒股份有限公司跻身《财富》中国企业 50 强。其初步形成以“广电湘军”“动漫湘军”“出版湘军”等构造的湖南文化现象。湖南广播影视集团、湖南出版投资控股集团、《湖南日报》报业集团、《湖南晚报》报业集团、湖南广电集团等企业集团相继组建。其中，湖南出版投资控股集团进入中国企业 500 强，在中国文化企业 50 强中排第 7 位。

4. 浙江

杭州的文创产业发展具有以下特点。

（1）发展势头良好

杭州文化创意产业涵盖了影视、动漫、游戏、设计、广告、艺术等多个领域，市场规模不断扩大。根据杭州市文化创意产业办公室公布的数据，2022 年杭州市文化创意产业增加值达到了 2884 亿元，同比增长 12.5%。同时，杭州也拥有得天独厚的政策优势，为文化创意产业的发展提供了强有力的支持。

目前杭州市围绕打造中国电子商务之都的目标，充分发挥国家电子信息产业基地、国家服务外包基地等国家级基地的集聚与辐射带动作用，全面推进电子政务、电子商务、数字社区、数字城市等信息化建设。目前杭州集聚了全国 2/3 以上的专业电子商务公司。

杭州拥有 5 个国家级动画基地、5 个国家文创产业示范基地和 135 家动漫企业，逐步形成了产业体系相对完整、结构布局日趋合理、整体技术水平先进、市场导向作用明显的杭州动漫产业格局。

（2）以产业园区为依托

杭州以产业园区为依托，促进文化创意产业的发展。杭州确定将西湖创意谷、之江文化创意园、西湖数字娱乐产业园、运河天地文化创意园、杭州创新创业新天地、创意良渚基地、西溪创意产业园、湘湖文化创意产业园、下沙大学科技园、白马湖生态创意城等十大园区作为主平台，推动全市文化创意产业实现集群发展。加快建设西湖创意谷、之江文化创意园等十大文化创意产业园区，将有力推动杭州成为全国文化创意产业中心。

在设计服务业方面，杭州制造业的产业转型升级和城市建设的有机更新，带动了杭州市工业设计、服装设计、建筑设计的快速发展和环境规划设计、园艺设计、城市色彩设计等新兴设计业态的兴起。

杭州具有发展服务业设计的优势，杭州的园林设计和建筑设计已处于全国一流水平。在艺术品业方面，以中国美术学院、浙江大学和西泠印社为主体的美术教育研究力量，为杭州发展艺术品业提供了强大的学术与人才支撑；浙江画院、杭州画院等众多艺术单位，以及众多艺术家，形成了强大的艺术品创作和生产力量。杭州艺术品市场已经成为中国排名第三的艺术品市场，仅次于北京、上海的艺术品市场。在教育培训业方面，杭州的高端教育培训业也开始逐渐流行。

杭州的文创产业的主体是旅游产业。更多的历史文化保护区、纪念馆和博物馆等正在进入规划和建设。在文化会展业方面，杭州会展业发展迅速，形成了完整的产业链，成功举办了中国国际动漫节、中国网商大会、中国国际丝绸博览会暨中国国际女装展览会、西湖国际烟花大会、西湖艺术博览会等一批富有特色的重大会展。

5. 台湾

（1）台湾文创产业结构现状

台湾的文创产业，由“文建会”主管视觉艺术产业、工艺产业、音乐与表演艺术产业、文化展演设施产业；由“新闻局”主管电影产业、出版产业和广播电视产业；由“经济部”主管设计产业、广告业、设计品牌时尚产业、数码休闲娱乐产业和创意生活产业；由“内政部”主管建筑设计产业。

台湾六大战略性新兴产业包括绿色能源、生物科技、观光旅游、健康照护、精致农业及文创产业，指导及吸引民间投资，开拓新的商机及协助产业快速升级。

台湾“文创产业六大旗舰”包括工艺产业、设计产业、创意生活产业、流行音乐中心、电视剧产业和“故宫”文创产业。

（2）从台湾文博会看台湾文创产业发展现状

2009 年 3 月，台湾地区将文创产业列为六大新兴产业之一。在“文化创意产业发展法”的指导下，2010 年开始举办台湾文博会，构建文创产业的价值体系。文博会由最开始的“单一展馆、以商品交易为主的商展模式”，到 2014 年转型为“文化概念方式策展”，并提出“城市即展场，展览即生活”的理念，再到 2018 年的全区策展、议题主导方式，台湾文博会处在不断的发展变化中。

作为台湾文创产业的重要展览，文博会不仅汇集了台湾文创产业的最高水准，也显示了台湾地区对于文创产业发展的方向，是台湾文创产业发展现状的“体温计”。

①台湾文创产业外销影响力弱

从主题来看，文博会近年来一直在文创产业进行探索，从“品台湾”“品东风”到“文化”到“创造”，展现了近几年台湾文创产业的关注重点的实践和迁移路线，从挖掘和凸显区域主题特色向外界展现自己，转向以设计思维的引导和推动挖掘自我价值，“城市即展场，展览即生活”将设计与生活相结合。这条变迁路径也说明台湾文创产业有从外销转向内销的可能。因此在2018年的台湾文博会上看到了众多的生活类设计作品，而文博会现场展位以销售为第一目标，展示需求其次。

②台湾文创产业渐现疲软

台湾自2002年启动“创意台湾”开始，一直在文创产业领域具有标杆形象，尤其随着诚品等文创企业以及台北故宫博物院的“朕知道了”等系列衍生品走红，台湾文创产品以“新奇”“有意思”“有创意”等特征广受欢迎。但从2018年台湾文博会现场来看，多个参展单位已经连续两年以上展现相同产品。文创产品主要为非刚需的生活相关的创意品，文创企业面临最大的挑战是如何保持创新力，文创产品的升级迭代是市场接纳的主因。而近两年的文博会出现了众多熟悉的“面孔”，文博会若只是成为一个新扩流量的销售摊位则不免有些遗憾。

③台湾文创产业化程度亟待加强

圆山花博公园以“图像授权”为主展，邀请了来自13个国家与地区的100位新锐创作者参展，提供包括角色创作、插画、漫画、多媒体创作、印花设计等5个授权类别。在花博现场可见，参展单位超过95%以上为个人，携带自己的作品以及衍生品进行现场的展售。通过随机采访参展者发现，他们大多为设计或插画师，对于自己的参展目的多为“参展”本身，主要出于“让大家认识自己”，对于产业化、授权目标并不明确，展会现场衍生品的雷同率高。授权产业是一个具有高度专业化和贯通上下游衔接的产业，从智慧产权的设立、授权的分级、授权的形式等方面进行体系化的孵化，靠个人作者的运作成为文创产业亮点可能会是一个小概率事件。这让人感到台湾地区的文化资产、文创企业仍缺乏总体性的完善的链接、沟通和整合。

④台湾文博会的运营管理还需打磨细节

文博会宣传力度不够使得参观者的来源主要是专业通道的宣传、自然人流量，前者是定向宣传与邀请，而后者是由于三个展区都是日常知名的文创园区而产生的自然人流量。三大展区的现场标志不清，入口处及周边无路牌指示，也没有明显的接待区，如花博公园园区较大，即使到达文博会展区门口也不容易被看到。

消费者的体验感还包括现场支付方式的不便利，松山文创园区和花博公园争艳馆两大展区都提供展售，但展商都只收现金，并没有跟上台湾现在推行的“无现金支付”，也会令到消费者体验感打折扣。

台湾文博会鼓励生活与设计相结合，提供“全新的生活美学”，但由于在各种公开数据平台，都无法搜寻到台湾文博会的产值信息，如最终到访人数、成交金额、授权数量等信息，所以对台湾文博会的实际效果无法做进一步分析。而一些工作人员也表示并没有做相关的数据收集，这不免有些遗憾。

第五章　新媒体背景下文创产业的发展

本章为新媒体背景下文创产业的发展，主要从移动互联技术对文创产业的影响、新媒体艺术与文创产业的融合、新媒体时代我国文创产业发展的对策三个方面展开了介绍。

第一节　移动互联技术对文创产业的影响

以互联网技术和移动通信技术为标志的信息革命席卷全球，伴随数字技术的发展，文创产业不断创新，由此产生了网络游戏、网络会展、数字音乐、数字出版、网络广告、电子商务、数字设计、网络电视、移动新媒体、手机电影、手机音乐、手机报刊、手机阅读等一批新兴文创产业。这些新形式促使了传统新闻出版和电影电视等文创产业的转型升级，利用信息产业与文创产业的有效融合，激发了文创产业的创新活力，为文化消费提供了各类优质产品。通过运用数字技术，众多实物文化产品被制作成了电子文件，互联网搭建起了媒介传播平台。移动手机的大量使用为文化产品消费提供了广泛的市场空间，特别是智能手机对数据传播速度的提升和安卓系统的应用，使得各种功能软件服务于人们的日常生活、大量文化产品供人们随时随地消费，为文创产业的发展提供了前所未有的机遇。电子文化产品形式越来越多，通过互联网和移动手机这些方便、快捷、灵活的手段，电子文化产品的消费模式越来越成为人们进行文化产品消费的主要模式。很多发达国家在进行本国经济结构调整过程中，都把文创产业作为重点，借助移动互联技术的应用，推动文创产业与高科技产业融合，促进经济转型升级。

一、移动互联技术对文创产业的变革

信息技术和移动互联技术是促进文创产业发展的重要因素。以数字软件为制作手段、移动互联网络为传播渠道的文创产品正在从文化创意、产品设计、销售渠道、产品体验、消费终端各个环节对传统文创产业进行变革。

（一）文创产品制作成本降低

数字技术的发展促使了各种功能软件的诞生，如电脑制图、图片修改、音效及视频录制、电脑模拟等，这些高科技多功能软件使传统文创产品需要花费很长时间、消耗很多材料才能完成的工作可以被高效率、高质量地完成。此外，这些文创产品制作精美、造型独特，消费者体验效果好，其精神享受得到满足，其购买文创产品的意愿增强。

（二）文创产品流通成本降低

传统文创产品一般为实物，产品流通一般需要经过“产品包装—搬上货车、火车或飞机长距离运输—人工卸货—派送到经销商实体店”等环节。在整个过程中，通常要耗费半个月时间，并且花费大量的流通费用。而移动互联技术的发展使以电子文件为载体的文创产品在消费市场上流通成本几乎为零。产品制作商只需要将文创产品上传至网站，消费者只需上网点击下载即可，仅仅几分钟，时间短、花费少。因此，移动互联技术降低了文创产品的消费门槛。

（三）文创产品传播渠道增加

传统文创产品只能通过实体店的方式销售，覆盖范围小，只有大城市甚至实体店周围几公里内的人们去购买，居住在其他地区的人们由于路途遥远而不愿去购买这些文创产品。移动互联技术使文创产品的传播更加便捷，无论是城市还是乡镇，无论是职工还是农民，只要有电脑或手机可以上网，点击各种网站，即可购买自己喜欢的文创产品。因此，移动互联技术拓宽了文创产品的消费群体。

（四）文创产品消费时间增加

一些传统文创产品的实体不利于或无法携带，消费者一般要拿出专门的时间来体验，如周末去电影院看电影、下班后看电视、睡觉前在床上看书等。移动互联的出现改变了人们的文化消费方式：坐公交、挤地铁的时候，人们可以拿出手机看电子书；坐火车的时候可以拿出手机看电影；工作累了，可以抽空打开网站浏览新闻；饭后休息可以看看视频；晚上睡觉前拿出手机，看看微信里“朋友圈”的动态。人们可以利用这些零零散散的时间消费文创产品。因此，移动互联技术增加了文创产品的消费时间。

（五）文创产品创意来源更加广泛

互联技术将文创产品设计者与消费者紧密联系在一起，使文创产品设计者可以更全面地了解文创产品的目标市场信息，同时，网站的互动功能（如留言板、论坛、上传功能）使每个人既是文创产品的消费者，也是文创产品的设计者，每个人都在为这个文化市场提供创意。创意不再是文化专业人士的专利，而是全社会的集思广益，广泛的创意必然促进文创产品的增加、消费的增加。

移动互联技术促进了文创产业与信息产业的融合，使文创产品的创造、制作、传播和消费变得方便快捷，为文创产业发展开拓了市场空间。

二、移动互联技术与文创产业的融合发展

大力推进以数字技术、移动互联技术为技术支撑的信息产业与文创产业相互融合，实现文创产业发展方式转型升级。

（一）应用数字技术升级传统文创产品

当今移动互联时代，人们消费文创产品的方式正在从传统的实物方式向电子方式转变，一般是用电脑、手机等工具消费文创产品。那么，传统的文创产品就要制作成电子文件的形式，适应现在的消费终端。应用数字技术对传统传媒业、出版业、影视制作业、动漫娱乐业的产品进行数字化，如将传统经典的胶片电影电视剧转换成电子视频文件，舞台歌舞剧、文艺演出和艺术展览录制成 3D 视频文件，传统经典书籍制作成电子图书，发行数字报纸（如手机报）、电子图书等。建设数字图书馆、数字博物馆、数字艺术馆、数字书店、数字剧场等数字文创产品消费场所。鼓励在线教育、远程视频教育、网络公开课等多种教育形式。将文创产品渗透到日常生活的每一个环节，使人们可以随时随地享受文化盛宴。

（二）制作多国语言版本文创产品

通过互联网，全世界的人们时刻联系在一起。浏览外国网站、观看外文视频同样是在消费外国文创产品。也可以将我国带有民族文化底蕴的文创产品制作成英、德、日等多种外文版本，通过互联网这个媒介，将我国文创产品放在外国网站上传播，吸引外国人民消费，以相对较小的成本，实现民族文化“走出去”战略，弘扬中华文化。

（三）打击非法电子文创产品的传播

移动互联技术给文创产品传播带来了便利，但也为不法分子盗版、复制、转录未授版权的电子文创产品提供可乘之机，严重损害了文化创意工作者的利益，削弱了文化创意工作者从事文化创意工作的积极性。政府要加大知识产权保护力

度，严厉打击各种非法侵权行为，惩罚盗版商户。工商部门和文化部门可联合公安网警，定期定量在网上抽查文创产品复制传播情况，一旦发现违法行为，严格查处，追究相关责任人的法律责任。建立完善的监管体系，鼓励公众通过微博、微信等方式进行监督举报，保护文化创意工作者的合法权益。

（四）加大信息与文化复合型人才培养力度

积极搭建文化创意公司、网络公司、移动通信公司与高等院校交流平台，引进文创产业高端管理人才；鼓励高等院校发展交叉学科、移动互联技术课程与文化艺术课程；鼓励企业建立实习基地，培养学生实践能力；对于从事文创产业的大学生，在落户、“五险一金”等就业政策上给予一定优惠，鼓励复合型人才投身文创产业的发展。

（五）创新移动互联文创产品盈利模式

移动互联文创产品要想持续发展，必须创新其盈利模式。每一个优秀的文创产品的诞生都会消耗人力、物力和财力，这些都是文创产品的制作成本。如果这部分成本无法收回，文创产品制作公司或者个人就没有制作下一个文创产品的动力，文创产品制作的从业人员就会逐渐离开这个行业，文创产品的创作也就无法持续。目前，广告是移动互联文创产业的主要盈利方式，点击率是广告投放的主要参考指标。

（六）加强对移动互联文创产品的监督审查

移动互联文创产品已经是现在重要的文化传播手段，由于移动互联文创产品的创作可以分布在人群的各个角落，每个个体就是一个创作源。不同个体的教育背景、家庭背景、生活经历并不相同，每一个个体对社会的看法也不会完全一致。而移动互联文创产品对人们的价值观和世界观具有重要影响，对我国国民素质和国民精神具有重要的引导作用，因此，要对这一领域进行必要的监管，对移动互联网文创产品的内容进行审查，对低俗文创产品予以抵制和销毁，对违法文创产品追根溯源，找到违法文创产品的制作者和传播者，依法对其实施惩处，保证移动互联文创产业的健康发展。

第二节　新媒体艺术与文创产业的融合

新媒体有三个基本特征：一是改变了传统媒体的传播形态、状态；二是增强了信息传送的互动性和即时性；三是实现了高科技、多技术、多媒介的融合。

新媒体艺术以信息科学和数字技术为载体、以现代艺术为内容、以向大众传播科学理论为纲领，通过媒介的传播技术将科学与艺术高度融合，应用到文化、艺术、商业、教育和管理领域，以此对文化艺术本身和文创产业产生重大影响。

一、新媒体艺术与文创产业的有机融合

（一）新媒体与文创产业有机融合的具体领域

新媒体作用于文创产业的具体行业有七个：新闻出版发行业、广播电视电影服务业、文化艺术服务业、文化信息传输业、文化创意及设计业、文化休闲娱乐业、工艺美术品生产业。新媒体本身具有渗透性极强的特点，影响并作用于文创产业的各个环节，使创意内容生产、推广流通与消费等环节都紧密相连，文创产业在新媒体的影响下正在发生深刻的变化。

（二）新媒体艺术赋予文创产业的新特性

新媒体艺术是指使用新式媒体技术制作、修改或传播的当代艺术。它包括录像艺术、数字艺术、互动艺术、互联网艺术、虚拟艺术、声音艺术，以及使用机器人、生物技术、3D 打印技术和动画制作技术等新技术进行创作的艺术作品。这些都与传统的艺术形式（绘画、雕塑、建筑等）相区别。而在新时代背景下，新媒体艺术也赋予了文创产业各种新特性。

1. 数字性

在新媒体艺术渐渐渗入文创产业各个环节的过程中，文创产业就被烙上了数字化的印记。传统文创产业已开始蔓延到数字内容产业的发展方向。数字内容产业以创新为动力，将结合文化资源的最新数字技术以一种新的生产方式和消费模式展现出来，创造了一个新的产业群，培育了新的消费群体，然后以高端技术实现数字化升级、带动传统产业，创造了显著的经济和社会价值。文创产品不再仅仅以报纸、书本和录像带、磁带这样的形式生产、发行。电子产品风行繁盛又升级换代，达到了日新月异的程度，这为数字杂志、数字报纸、数字电影、电子书

的发行提供了赖以生存的土壤，而多媒体带来的眼、耳、手同时参与的体验模式及不断成熟的新媒体技术又灌溉了这块土壤。在会展行业，新媒体突破了传统展览展示方式的局限，使珍贵文物资源数字化，“会动的清明上河图”就是文化数字化的形象展示。在展览方式上，上海美术馆、国家博物馆、北京天文馆都开设了网上观展的形式，用户只要通过互联网就可以实现360°全景观看，同时还可进行一定程度的互动体验。从大范围看，数字文创产业是高增长发展速度和高利润空间的，因为数字化媒体具有时空限制小、传播速度快、传播范围广的特点，对宣传和弘扬民族文化有着深远的意义。

2. 交互性

当人们拿起手机观看视频、阅读新闻时，当人们完成邮箱、购物网站的用户注册时，或者当人们进入论坛发表自己的观点时，又或者是当人们玩游戏与其他玩家交流时，不知不觉完成了某种意义上的人机交互，这种特别的交流方式是新媒体艺术赋予文创产业的另一个特性——交互性。文创产业中新媒体艺术的交互特性体现在两方面：以空间中墙面、地面为代表的实体环境内互动和以窗口界面为主的虚拟环境下互动。不得不说自有计算机以来，键盘、鼠标在过去近半个世纪成为人类与计算机沟通时的最主要和最常见的介质或者说是工具，然而，当语音识别、光学字符等识别技术迅猛发展并且能达到有效交互的目的时，人们就能够摆脱键盘、鼠标，只需在触控屏上用手指点一点、画一画、写一写，抑或对着机器说几句话，甚至只需在摄像头前随便做个表情或者手势，就能达到互动的效果。然而这些仅仅是停留在技术和表达手段上的革新，并没有发挥交互过程中的客体的意义和价值。

交互性的内容本身就是一个需要设计的审美互动，艺术家的理念通过交互体验去传递、表达和完善，这就需要将审美和客体的价值整合其中，预留出审美意义的空白，通过创造丰富的交互体验，来完成审美互动的价值空间的构建，来帮助人们交流和理解。因此，最好的用户界面就是能创造有意义的用户体验的界面。然而目前的困境是，如何利用界面设计吸引消费者参与到互动中来。例如，宜家网站就是把产品生活化，先拍摄出每个系列产品在一个普通人家的布置和使用情况，当鼠标滑过的时候，静态的页面就变换成了动态的生活场景，演绎一个生活的片段，更有相应的产品展示出来。这就超越了简单的人机交互的网站设计，成功将消费者带入了新媒体阅读产品信息的体验互动时代。

3. 超文本性

新媒体艺术自产生以来总是离不开网络这个范畴，一张信息网无非是信息传输、接收和共享的虚拟平台，如果说信息数字化实现了信息的传输和接收问题，那么创造出超链接的文本和图像信息使各种不同的空间成了信息网络中文本共享的重要载体。在网络空间，超文本链接使人们从一页文本或一个图形链接到其他页面。人们浏览网页时，点击网页上的关键词就会进入另一个带有这个关键词内容的网页。这意味着从过去的直线式阅读开始转换为结构式阅读，当超文本和多媒体技术相结合形成超媒体时，就打破了束缚媒体的界限。

4. 虚拟性

网络技术的兴起与普及使新媒体艺术网络化的同时也凭借其多媒体、超文本性、虚拟性等实现对现实世界的虚拟。通过各种识别技术手段增加观展沉浸感和参与感，互动装置、3D 投影、360° 全息、电子书、人机对话、体感游戏等的运用打破了沉默单一的观展体验，使游客充分融入展览主题空间之中。新媒体艺术赋予了文创产业数字化、交互性、超文本性、虚拟性四个特性，催生了文创产业的新业态和新盈利模式，而以相关技术促进文创产业结构调整也是新媒体艺术的核心。在新媒体艺术赋予文创产业的特性之中，数字性是基础和前提，超文本性和虚拟性是在它的基础上产生的；交互性是核心和灵魂，是新媒体艺术赋予文创产业新的活力的源泉。

二、新媒体艺术与文创产业融合的意义

（一）传承古老文化遗产，提高文化商品的附加值

首先，新媒体艺术由于其开放性、自由性，以及可复制性、低成本性的特点，能够根据不同消费者的喜好和需求进行创意设计，在尊重自主知识产权的基础上，尽量很好地回避传统文创产业风险过大、成本过高的缺陷，而是借助高科技手段来实现文创产品的开发。与传统的文创产业相比，诞生于知识经济时代的文创产业更加强调创意的重要性，创意是其核心，并表现出多样性而非同质化、分众消费等诸多特点，保障了文创产品的使用价值。

其次，新媒体艺术中数字化保存和虚拟现实功能，能够实现对非物质文化遗产和物质文化遗产的很好的保护。物质文化遗产易被破坏和非物质文化遗产不易保留的特点决定了这两者都需要借助科学技术，在继续承担文化艺术传播使命的过程中，同时使自身得以保留和传承。

最后，新媒体艺术能提升艺术产品价值，能够很好地把创作者的名气和才华或依靠物品历史的文化价值转化成为更高的附加值，依靠互动体验来提升艺术产

品附加值，可以很好地增加文化创意产业的创新含金量，进而推动经济的快速发展。新媒体是文化艺术传播的重要载体，是文创产业的重要技术手段，是提高创意产业竞争优势的重要密码。因此，融合新媒体技术与文化艺术要素的新媒体艺术成为文创产业的重要内容。

（二）实现对文创产业美学经济和体验经济的应用

新媒体艺术是文创产业实现体验经济的重要载体。体验经济是继农业经济、工业经济、服务经济之后的一种新的经济形态。所谓体验就是企业以服务为平台、以商品为道具、以消费者为中心，从而创造出值得消费者回忆的行为。众所周知，商品是有形的，服务是无形的，而创造出的体验是会给人留下记忆的。与以往不同的是，商品、服务对消费者来说都是外在的，但体验是主观存在的，即内在的。它存在于个人心中，是个人在身体、感情、意识上参与所获得的。没有两个人的体验感受是完全一样的，因为体验是每个人与商品之间的互动所得的感情。这种体验大致有 5 种：娱乐体验、教育体验、情绪体验、审美体验和情感体验。新媒体艺术交互、虚拟的特点增加了受众的身临其境感，如在四维影院中人们亲身体验到虚拟现实技术借助声音、音乐、光线、电子影像、机械互动装置、遥控器等多种媒体，打造出的亦真亦幻的虚拟世界。新媒体艺术带来的体验指借助数字技术，通过虚拟现实，使消费者得到沉浸感、交互性和构想性。体验是企业将服务作为商品的主要内容，以服务为平台，把消费者作为服务的中心，来营造可以让消费者获得满意的体验和感受的商业行为。体验将有形商品和无形服务紧密结合起来，给消费者创造了一个难忘的经历、留下了深刻的记忆。这种商业形式与传统的商业服务不同。因为无论是传统的商品还是传统的服务，它们的形式都是外在的，但是，体验产业留给受众的是一个感受，一个通过身体和情感进行双重参与的，通过自己的主观能动性获得的可贵的感受，是个人情感与商品本身互动而获得的感受。

新媒体艺术的低门槛对于美学经济的普及具有重要意义。美学经济指立足于美学价值，通过向潜在消费群体提供审美服务产品（或将审美要素大量渗透到商品中），以提升商品的文化附加价值，通过使消费者获得审美愉悦而获得利润的经济形态。美学经济的题中之义是强调艺术生活化，通过将美附着在人们能够更多接触到生活中的实用物品或商业服务之中，来推广美的体验，实现审美教育和审美享受的普及，从而达到文化艺术的“平民主义”，即平民美学。新媒体艺术使艺术生活化，艺术生活化是文创成为产业的基础。文创产业以商业形态创造了一个更公平、更包容的文化语境，促使形成更加公平的艺术文化共享空间，以便大众容易接受、理解这些艺术文化层面的享受，这无疑可以使社会文化整体更快更好地进步。

新媒体艺术对美学经济的推广意义深远，基于美学的审美的高低也体现了对市场的经济手段，提高产品的审美或者品牌效应也能为产品提高附加值，同时也能更好地服务消费者，从而让消费者获得满足。例如，在中国传统花店经营模式中，原来大多是采用传统媒体进行推广，而如果在花店的品牌创立中运用新媒体艺术的理念及自媒体的传播方式，将线上线下相结合进行“体验”经营模式，将会起到良好的市场经济效果，自媒体的互动体验也能带动消费者体验有趣的内容及新型的购买方式。

第三节　新媒体时代我国文创产业发展的对策

时至今日，文创产业领域承载了诸如文化振兴、区域经济发展、艺术形式（技艺）传承、旅游资源开发、知识产品贸易等层面的期望，而在其背后，是国家民族、各级政府、文化企业与组织团体及个人的殷切目光。在此背景下，新媒体的勃兴与使用成为无法逃避的现实境遇。机遇与挑战并存的现实环境中，依托数字信息时代网络传输的便利，网络的交互性及开放性、可书写性、共享化特质正在继续改变着文创产业的整个生态。从计算机终端到移动传媒，从传统纸质媒体的电子化到新媒体广告的富媒体表达，从平面宣传到立体传输，从影音展示到游戏参与机制，从双向书写到人人社区，一个前所未有的局面即将形成。新媒体时代，文化产业的营销变得更加丰富多样，也经历着和媒体介质更加密切和深刻的共融体验。

一、新媒体时代的文创产业营销

伴随着世界范围内对文创产业发展的重视，在不同国家和地区的产业发展规划及战略措施制定过程中，诸如创意产业、内容产业、休闲经济之类的提法与文创产业概念存在着不同程度的并行、混用情况。以创意产业而论，这一集中出现于 20 世纪 90 年代的概念，囊括了十几种依赖个人创造性工作的产业类型，包括电视、电影、出版、建筑和游戏等诸多范畴。而内容产业和休闲经济的提法则侧重于知识产权保护、文化艺术产业价值及大众群体休闲生活这些方面。

概而论之，英国是较早和较成功地使用创意产业概念并致力于发展其产业体系的国家，而澳大利亚则在政策制定和产业运营中采用了文创产业的说法。一般而言，文创产业范畴包容性较强，它和创意产业、内容产业、文化传媒业都有特定的亲缘关系。首先，文创产业是需要创意的，但创意并不是文创产业的独有特质，各个行业都需要创意的支撑。其次，文创产业本身就是内容产业，其中又以文化艺术和娱乐内容为主要产品形态。由此可见，文创产业指代的是以创意为手段、以内容为核心、以文化版权交易和艺术消费为主要形态，通过企业组织方式从事文化商品生产和服务的行业与活动的总称。

文创产业的特殊性之一是不像传统产业那样具备清晰的投入和产出形态。它有自己的投入和产出形式，但并不局限于某一个种类和部分。“文化”的范畴从来都不是截然明确的，文创产业的体系也相对开放多元。文化成为一种可以和产业发生关系的资源和基础，而产业运作过程则表现为生产文化产品并满足市场的需求和大众群体的需要。文创产业向来有“内容为王”的说法，这形象地揭示了内容创意对文创产业的重要性。在创意生发并形塑为内容，最终以产业链的形态出现时，类似故事、节目、活动等文化艺术形式的知识产权才得以构成文创产业的核心。在这一微妙的转化过程中，市场及商业层面的经济规律发挥着重要作用，决定着文创产业结构天平的两端——文化与市场。文创产业为实现市场的有效运营和效益的最大化，自然回避不了日趋重要的营销问题。

文创产业营销的理念在不断拓展丰富，变得更加趋向于对市场乃至生活中人际关系和社会环境的重视。在立体性和多维性更加凸显的营销视野中，文创产业的营销更应思索文化、人、市场之间的辩证关系，更应关注在文化产品的特性与受众群体的自我实现之间的有机联系。而这种现实需求，便直接导向了对新媒体营销功能的深入发掘和使用层面。

新媒体营销指应用新媒体工具进行营销活动以达到商业销售目的。新媒体营销的首要特质是营销渠道与工具的新媒体化，这与现代市场营销理论并不冲突。因此，对于文创产业的新媒体营销而言，文创产业相关产品（商品、服务、体验、产权、创意等）是被营销的对象，新媒体是营销工具，其目的是促使消费者（个人或群体组织）完成购买行为，满足他们自身需要。

（一）多种多样的营销渠道

新媒体是在数字信息技术基础上产生和发展的，美国媒介理论家保罗·莱文森将其称为“新新媒介”。与目前新媒体的“势力版图”相伴，文创产业新媒体营销涉及几个大的板块：

1．互联网媒体营销

互联网媒体营销主要指那些基于计算机网络而实现的营销活动，其主流方式包括官方网站、搜索引擎、博客、微博、电子邮箱等。经过近年来的迅猛发展，互联网媒体营销正在发挥越来越重要的作用，它伴随着网络沟通的便利和互动特质，往往以营销成本低、效果明显著称。正像互联网自身的词汇语义那样，互联网媒体依托的是新媒体环境中人类群体的网络化联系——人类依托数字网络而建构现代生活，互联网的媒体营销策略也依托具体媒介到达受众并与之紧密相连。

2．移动媒体营销

移动媒体是以手机或平板电脑等移动终端设备为基础，依托网络平台实现传播的大众媒介。手机为代表的移动媒体营销正在深刻地影响着文创产业的营销策略，其营销功能已经体现在短信、彩信、手机报、手机视频、应用软件、二维码应用、手机网络等丰富形式中，形成了一股“指尖上营销”的潮流。

3．大电视媒体营销

相对于网络时代的营销方式，电视营销和纸媒营销都属于传统营销范畴。然而，目前电视媒体日趋走向与网络、多媒体、通信技术的融合。数字电视实现了从传统模拟信号向数字信号传输的变革，IPTV（交互式网络电视）则将网络与电视终端深度结合，最终形成了“大电视媒体”的格局。目前从播放终端上看，具备网络功能的电视已经成为市场主流；从内容整合上看，网络电视兼容了网络视频公司的自制内容和广电媒体的日常节目。近两年，华为、小米等迅速推出自身的网络机顶盒和网络电视，目的在于利用自身内容生产、集成或品牌优势，参与到当下大电视产业之中，培养消费者并开拓市场。在此过程中，电视媒体的营销功能不但没有弱化反而得到了进一步拓展。以往惯常采用的电视广告仍然被广泛使用，而植入式广告和贴片广告则随着电视内容的丰富而得到进一步发展。

4．户外新媒体营销

户外新媒体主要包括户外电子显示屏和楼宇电视、车载电视等，目前车载媒体主要承担移动视频播放的功能，社交和互动功能尚待发掘，其营销功能主要以播放文化产品广告为主要体现形式。值得一提的是，在目前国内的文化演出宣传中，户外大屏幕营销和楼宇电视的滚动视频宣传较多见，其价值体现在流动人群覆盖和演出信息（演员阵容、演出规格等）的即时性传播上。

概而论之，在文创产业的新媒体营销实践中，既有针对单一平台展开宣传推广的情况，也有针对上述板块的多个或全体进行投放的行为。前者主要体现了当下新媒体营销中可选媒介平台及方式的多样化，后者则迎合了媒介融合趋势下的信息传播需要，在传播过程中直接表现为在泛平台基础上实现的媒介组合化扩散。在此基础上，网络广告联盟体现为搜索引擎、网站和电商等网络组织通过集合网络媒体资源，吸引广告商投放广告，并利用可计量的实际效果（点击、注册或购买等）获取广告收入的运营过程。

（二）发展迅猛的网络视频营销

网络视频广告的优异表现是近年来网民视频消费习惯推动的结果。当下网民已经培养成通过网络视频观看热播影视剧的习惯，这使在线视频媒体的媒体价值不断得到提升，吸引了大批广告主的投入热情。此外，伴随着植入式广告和冠名广告及微电影营销方式的深入拓展，网络视频的营销功能还将被进一步发掘。

文创产业的网络视频营销表现为文化企业或文化产品生产者及相关社会机构通过网络视频载体将相关信息传播出去，实现影响消费者并达到营销目的的营销方式。目前我国网络在线视频的主要收入来自广告，这也意味着在线视频在大量提供为广告主及商家宣传推广产品的服务。从国内网站发展实际看，综合视听节目网站的网络广告市场占有率将稳步上升，而门户网站的市场份额将进一步下降。一方面，目前广大网络用户的付费习惯仍未被真正培养起来，付费观看视频模式在一段时期内仍难以成为主流。另一方面，网络视频的广告功能得到了深度发掘，吸引了包括文创企业在内的诸多商业组织的青睐。

在网络视频对文创产业的营销模式中，微电影营销是近年来表现较为活跃的形式之一。以旅游主题微电影为例，庐山、九寨沟等风景区及南京市旅游局、河南省旅游局等机构在内的各级单位和组织纷纷推出微电影作品，将旅游资源呈现为视听画面，嵌合进爱情故事、搞笑题材等多种叙事方式之中，最终体现为点击率和关注度，取得了较好的传播效果。和以往单纯的网络视频插播广告相比，微电影的叙事性更强，更容易结合当地旅游资源展开基于人文背景、市井生活的叙事铺陈，在建构微电影作品的同时也打造了地方旅游的优质影像名片。

二、新媒体时代文创产业教育的人才培养

文创产业的发展离不开人才的培养，所以人才是任何产业发展必不可少的基石。在人才培养方面，服务地方经济文化建设是高校义不容辞的责任。可以在统筹安排下，成立文创创新研究与发展部门，在厘清文化发展脉络的过程中，也要组织学术界做好从古至今文创发展史的脉络。这是一项比较烦琐的过程：一是需

要大量的史料来佐证文创产业的发展源；二是需要地方高校结合现代设计、制造行业技术的发展，规划人才培养目标，以便尽快弥补文创创新人才的缺口。

（一）文创产品设计教育的革新

1. 改革课程设置

我国设计专业教学改革需要尽快制定一整套严谨的学术规范，且要规范的仅仅是必要的框架，而不是要限制教师和学生的自由、创造力和个性的发展。将这一教学理论运用于文创设计方向的高等教育领域非常合适。随着新媒体的发展，越来越多的网络虚拟产品出现了，这对文创产品设计教育提出了更大的挑战。目前一些高校文创产品设计教学体系发展仍不够完善，有部分学校存在与实践不衔接，学校教一套、职场用一套，教授内容与市场需求脱节的问题。在这种情况下学生和教师在文创产品设计上的创造力都受到了不同程度的束缚。

（1）专业课程设置不足

从文创产品设计教育专业的特点和该专业对从业人员的专业要求来看，本科生应该开设的专业课程有很多，如文化创意设计、色彩基础、构成基础、图形图像创意、包装设计等。但是实际上，目前系统的文创产品设计课程并没有开设充足。出现这种情况的原因之一是学校缺乏文创产品设计专业的师资力量，所以在课程设置时只能撤掉一些专业课程，换成其他课程。这对学生的专业能力的培养意义层面来说肯定是无法与精准的专业课程设置相匹敌的。从这个环节来看，专业师资力量的缺乏是制约文创产品设计迅速发展的一个重要因素，将导致专业的课程体系不完善，从而直接影响最终教学质量的呈现。

此外，大部分开设艺术设计专业的学校存在更重视专业技能教育，不重视思想、文化、创意开发以及学生全方位综合能力提升的问题。就目前来看，文创产品设计所设置的课程更偏重于对一些设计相关软件的运用。将这些软件运用熟练只能意味着学校培养了一批技术精湛的“技师”，而不是一批成熟的、有设计功底、艺术审美、能独立思考和具有创造力的文创产品设计从业者。专业教育的目的与目前学校的培养成果恰恰相反，这是文创产品设计教学中需要反思的重点问题之一。

（2）实习课程设置不足

文创产品设计方向的人才培养一定是建立在学生具备扎实的视觉艺术功底之上的。对产品制作过程来说，产品诉求、材质设计、文化创意、视觉化呈现、风格类型、商业推广等因素都需要学生有良好的审美和独立的思考。对于文创产品设计方向的学生来说，教育不仅要从“产品”角度培养，更需要从“市场”方向培养，即将教学重点向市场倾斜，尤其是针对快要毕业的学生来说，中、后期教学中必须加大专业实习的比重。提早了解市场规范及诉求对于学生日后参加工作来说至关重要。很多招收文创产品设计人才的公司人事都表示：希望目前的学校可以把专业课程和市场需求打通，提高学生的市场规范意识及创作意识。

2. 创新教学模式

文创产品设计课程教学内容的设计除了受限于专业内容，很大程度上还受专业教师个人认知及能力的影响。目前，有的高校教师是从学校毕业后直接进入高校任教的。在这样一个闭合的知识信息链条中，教师必然缺乏市场要求的对于文创产品设计专业的知识经验和时代敏感。因为他们缺乏在企业一线实践的经验，对文创行业的工作流程不了解，对销售链条不熟悉，对企业选人标准知之甚少，这使得教师在教学活动中只能围绕课本的知识点或网络资料的内容展开讲解。从教学的环节上来说，文创产品设计教育与实践脱节。因此，高校和相关教师需要创新教学模式。

（二）文创产品设计教育的人才培养方法

1. 重视综合能力的培养

目前文创产品设计职场要求文创产品设计专业人才不仅要专业技能过硬，还需要其具备更为综合的能力，如良好的沟通、团队协作能力及多元设计风格的适应能力，懂得对时间的安排规划以保证可以高效有质量地完成企业所布置的任务，以及遇到问题后解决问题、调节情绪的抗压能力。

在未来，每个人才都要有自己的独特性，但又需要懂得协同合作。当代高校的学生大部分已经适应了数字化的生活方式，丰富多彩的网络世界占用了他们大量的时间和精力。他们更加喜欢独处，更有个性。相对地，一些人会不擅长面对面的交流沟通，这表现为语言组织能力的下降、团队合作的不适应、难以有效管控自己的情绪等。虽说进入信息社会后，信息可以在一定程度上突破时空限制进行传递。但文创产品设计最终服务的是人，它是与人发生关系的设计，仍然离不开人与人之间的交流。在文创产品设计课程中除了相关基础技术，更要设计以团队为单位的项目制合作，在项目过程中发展协作、沟通、设计、应对等综合能力，是人才培养的关键所在。

2. 加强实践教学活动

（1）教学环节实践化

随着电子信息化的普及，文创产品设计的一个重要学习媒介就是各种电脑软件。软件的学习对于十分熟悉网络技术和电子产品的年轻学生来说，是容易上手的。但要将软件及所存储的知识、素材的转化等与产品的个性化设计相结合，在市场的考验中呈现成熟的视觉艺术，对学生的专业性要求就比较高。除了要熟悉产品及品牌特性，还需有合适的风格和相应的专业表现呈现来支撑。美国教育家黄绍裘的《如何成为高效能教师》一书中提到：人类具有成功的本能，这是人类区别于其他生物的不同之处。他们希望获得成功，他们为成功奋斗。每一个人都想成为更好的自己。教师应合理调整传统的教学策略，设定清晰的目标，并全程跟进、监督。在课程中缩短教师单向的讲解时间，鼓励学生以团队的形式进行深入的协作与探索。竞争的产生会给予正向的压力和内驱力，推动他们主动深入市场进行有效的学习。在这样的实践环节下，学生的专业能力和综合能力得以提升，从理论到实践操作一步到位，快速完成知识的迁移转化。

文创产品设计的课堂除了实际的操作练习之外，审美和设计创意的课程也是非常重要的一部分。让学生树立对美的自我认知，需要他们具备独立思考的能力；同时也要注意建立有品位的艺术审美，形成创新的思想观念，形成独特的看待事物的观点角度。总的来说就是需要学生“真看真学真思考”。设置课堂研讨环节及项目公开汇报展示环节，提升学生对好作品的审美鉴赏能力和表达能力，有助于学生的思考，包括对作品在精神内涵上和技术层面上的思考。

（2）实践教学设计

实践教学设计可以通过将人才的培养项目与产教结合来实现。目前的市场环境对于文创产品设计人才需求大概有三点：一是具有扎实的专业知识技能，这一部分包括实践和理论；二是要求具备一定的独立思考、审美标准和创新能力；三是希望可以有良好的交流能力，性格适合团队合作。在教学中需要学校主体将专业的课程与这些市场标准进行对接。教师设计项目任务时需综合考虑，可设计一些复合型的项目任务，增加任务难度，更能体现团队协作。将学生进行分组，引导学生在学习阶段锻炼与人交流合作的能力，模拟与甲方的协商沟通环节，首先需要与客户进行沟通，讨论文创产品设计的初步构想，完成品牌理念、产品特性、消费者心理的全方位准备，在完成过程中涉及与团队人员的沟通和配合，在完成之后更存在着与客户的进一步沟通与交流。

参考文献

[1] 陈博. 文创设计与产品化 [M]. 天津：南开大学出版社，2021.

[2] 严婷婷，张西玲. 文创产品设计 [M]. 北京：科学出版社，2022.

[3] 刘玉娟，文珠蓉. 文创品牌形象设计与表现 [M]. 长春：吉林人民出版社，2021.

[4] 王俊涛. 文创开发与设计 [M]. 北京：中国轻工业出版社，2019.

[5] 郭岚. 文创产品设计及应用研究 [M]. 长春：吉林出版集团股份有限公司，2020.

[6] 陈凌. 文创品牌策划与推广 [M]. 北京：北京工业大学出版社，2019.

[7] 王丽. 特色文化 IP 与文创产品设计 [M]. 杭州：浙江大学出版社，2021.

[8] 张爱红. 文创产品审美化消费研究 [M]. 济南：山东人民出版社，2019.

[9] 丁伟. 文创设计新观 [M]. 北京：北京理工大学出版社，2018.

[10] 兰芳. 汉画像文创产品设计 [M]. 北京：文化艺术出版社，2022.

[11] 彭新媛. 交互理念在文创产品设计中的应用 [J]. 大观，2023（8）：73–75.

[12] 吴宇胤. 浅谈地域传统元素融于文创产品设计的表现 [J]. 鞋类工艺与设计，2023，3（13）：85–87.

[13] 周俊寒. 冰雪文化元素在哈尔滨旅游文创产品设计中的应用研究 [J]. 参花（上），2023（7）：95–97.

[14] 唐舒静，张春明. 服务设计理念下的文创产品设计研究 [J]. 设计，2023，36（12）：93–95.

[15] 朱爱莉. 文旅融合视角下地域性文创产品设计策略研究 [J]. 中学地理教学参考，2023（16）：91–92.

[16] 刘磊. 文创产品设计中民间美术元素的运用 [J]. 玩具世界，2023（2）：86–88.

[17] 刘玉玖. 新文创视域下文创产品设计研究 [J]. 百花，2023（2）：30–33.

[18] 刘静. 地域文化对文创产品设计的影响 [J]. 中学地理教学参考，2023（4）：81.

[19] 杨晓平，杨梦婷．浅谈品牌文化元素在文创产品设计中的应用 [J]．明日风尚，2023（1）：127–130．

[20] 田丹．旅游文创产品设计的创意思路与实践路径 [J]．包装工程，2022，43(20)：366–372．

[21] 丁杨影．基于江西红色文化的陶瓷文创产品设计研究 [D]．景德镇：景德镇陶瓷大学，2022．

[22] 蓝俊豪．基于文旅体验的祈福文创产品设计研究 [D]．成都：西华大学，2023．

[23] 袁怀宇．文创产品设计的国潮视觉研究 [D]．成都：西华大学，2023．

[24] 刘潇．以文化 IP 为核心的文创产品设计研究 [D]．鞍山：辽宁科技大学，2023．

[25] 季晓涵．体验视角下北京故宫博物院文创产品发展研究 [D]．桂林：广西师范大学，2022．

[26] 张根．中国国家博物馆文创产品设计策略研究 [D]．成都：西华大学，2022．

[27] 刘洋．河北博物院文创产品设计研究 [D]．石家庄：河北科技大学，2021．

[28] 唐振钧．文化自信引领下传统元素当代文创产品设计应用研究 [D]．杭州：浙江工业大学，2021．

[29] 孙雅．文创产业与现代手工艺研究 [D]．南京：南京艺术学院，2020．

[30] 杜金玲．徽州非物质文化元素在旅游文创产品设计中的运用研究 [D]．天津：天津工业大学，2018．